最新法律文件解读丛书

商事法律文件解读

SHANGSHI FALÜ WENJIAN JIEDU

人民法院出版社 编

总第203辑 2021.11

人民法院出版社

图书在版编目(CIP)数据

商事法律文件解读．总第203辑／人民法院出版社编
．-- 北京：人民法院出版社，2021．12
（最新法律文件解读丛书）
ISBN 978-7-5109-3353-0

Ⅰ．①商… Ⅱ．①人… Ⅲ．①商法—法律解释—中国
Ⅳ．①D923．995

中国版本图书馆CIP数据核字（2021）第245232号

商事法律文件解读·总第203辑
人民法院出版社 编

责任编辑 路建华
出版发行 人民法院出版社
地　　址 北京市东城区东交民巷27号 邮编 100745
电　　话 （010）67550660（责任编辑） 67550558（发行部查询）
65223677（读者服务部）
客服QQ 2092078039
网　　址 http：//www．courtbook．com．cn
E - mail courtbook@sina．com
印　　刷 三河市国英印务有限公司
经　　销 新华书店
开　　本 787毫米×1092毫米 1/16
字　　数 115千字
印　　张 8
版　　次 2021年12月第1版 2021年12月第1次印刷
书　　号 ISBN 978-7-5109-3353-0
定　　价 28．00元

卷首语

我国已是世界种业大国，加强种业知识产权保护、推动种业自主创新，对于农业高质量发展和维护国家粮食安全具有基础性、决定性的战略意义。植物新品种权保护事关国家粮食安全，事关乡村振兴和农业农村优先发展，加强种业知识产权保护势在必行。司法实践中，近年来植物新品种权纠纷数量增加较多，新情况、新问题不断涌现，亟须统一和规范；同时，人民法院在案件审判中也积累了丰富经验，有必要进行归纳总结，出台新的较为全面的司法解释，回应种业知识产权保护的司法需求。为此，最高人民法院于2021年7月5日公布《最高人民法院关于审理侵害植物新品种权纠纷案件具体应用法律问题的若干规定（二）》。本辑重点收录了该司法解释的解读文章。

在“最高人民法院法官会议纪要”栏目，本辑收录了最高人民法院第五巡回法庭一篇法官会议纪要，涉及合同预期违约解除权及损失赔偿范围的认定，以期对法官在同类案件中认定事实、适用法律、形成结论起到启发、引导、规范和参考作用。

在“新类型疑难案例选评”栏目，本辑刊载了《温州市金中梁置业有限公司诉温州万科中梁置业有限公司、温州万筑房地产开发有限公司公司盈余分配纠纷案》。该案例的裁判阐明：公司已形成确认可分配利润金额的有效决议但长期无正当理由拒绝分红的，法院可以判决支持小股东要求公司强制分红的请求。在上述确认的可分配利润以外，小股东又以公司大股东滥用股东权利导致公司应分配利润减少为由，要求公司直接向其分配其主张的公司隐藏利润的，法院不应予支持。小股东可以另案提起股东损害公司利益责任诉讼，要求大股东赔偿公司的损失，再依据公司法的相关规定行使利润分配请求权。

《最新法律文件解读》丛书

编 辑 部

兰丽专 (010) 67550626
丁丽娜 (010) 67550608
张 奎 (010) 67550673
路建华 (010) 67550660
杨晓燕 (010) 67550508

执行编辑 路建华

邮 箱 shangshijiedu@126.com

目录

司法解释、司法指导性文件与解读

最高人民法院法官会议纪要

部门规章、规章性文件与解读

地方司法业务文件与解读

指导案例、典型案例与解读

新类型疑难案例选评

司法解释、司法指导性文件与解读

解读——

《最高人民法院关于审理侵害植物新品种权纠纷案件具体应用法律问题的若干规定（二）》*

周 翔 朱 理 罗 霞**

《最高人民法院关于审理侵害植物新品种权纠纷案件具体应用法律问题的若干规定（二）》（以下简称新的品种权司法解释）已于2021年6月29日由最高人民法院审判委员会第1843次会议通过，并于7月5日公布，自7月7日起施行。新的品种权司法解释共二十五条，涉及品种权行使、品种权保护对象和侵权行为认定、侵权例外、品种权保护司法救济措施及赔偿计算、鉴定等五个方面的内容。新的品种权司法解释的出台，标志着我国种业知识产权司法保护上了一个新台阶，保护规则更加清晰，保护力度进一步增强。本文就新的品种权司法解释起草的背景、指导思想和适用中应当注意的问题作一阐述，以期对该解释的正确理解和适用有所裨益。

---

* 《最高人民法院关于审理侵害植物新品种权纠纷案件具体应用法律问题的若干规定（二）》刊载于《商事法律文件解读》2021年第7辑（总第199辑）。

** 作者单位：最高人民法院。

一、起草背景和过程

种子是农业的芯片。我国已是世界种业大国，加强种业知识产权保护、推动种业自主创新，对于农业高质量发展和维护国家粮食安全具有基础性、决定性的战略意义。习近平总书记和党中央高度重视粮食安全和种业问题。2021年《中共中央、国务院关于全面推进乡村振兴加快农业农村现代化的意见》要求打好种业翻身仗和加强育种领域知识产权保护。2021年5月13日，习近平总书记在河南南阳考察期间强调，要牢牢把住粮食安全主动权，要坚持农业科技自立自强，加快推进农业关键核心技术攻关。习近平总书记的重要指示和党中央决策部署为人民法院加强种业知识产权保护工作指明了方向。植物新品种权保护事关国家粮食安全，事关乡村振兴和农业农村优先发展，加强种业知识产权保护势在必行。近年来，种业市场品种同质化、仿冒套牌等问题较为严重，侵权行为易发多发，取证难、鉴定难、认定难较为突出。司法实践中，近年来植物新品种权纠纷增幅较大，新情况、新问题不断涌现，亟须统一和规范，同时，人民法院在案件审判中也积累了丰富经验，有必要进行归纳总结，出台新的较为全面的司法解释，回应种业知识产权保护的司法需求。

新的品种权司法解释于2020年立项。立项之前，最高人民法院已经针对植物新品种保护问题进行了较为充分的调研。立项之后，通过召开座谈会、现场考察、实地走访等方式深入调查研究，广泛听取意见。

在起草过程中，面向全国具有植物新品种案件管辖权的高级法院、中级法院征集司法实践问题和建议，并就司法解释稿反复征求意见和组织专题讨论；与全国人大常委会法工委、全国人大农业农村委和司法部、农业农村部、国家林业和草原局等中央有关部门多次进行工作沟通并正式征求意见；认真听取育种专家意见建议，先后走访袁隆平、邓秀新等多位院士和专家，2021年5月26日组织最高人民法院种业知识产权司法保护专家智库首批专家进行专题论证；考虑种业知识产权地方特色较浓的特点，专门赴江苏、湖南、海南等地进行实地调研，听取地方农林部门、育种基地、制种企业意见建议。2021年3月22日，就司法解释稿面向社会公开征求意见，共收到国内外各方面意见建议83条。通过广泛听取意见、深入论证和充分沟通，确保司法解释兼收并蓄各方面合理意见，努力做到科学准确、稳妥可行、形成最大程度共识。

二、起草思路和原则

一是严格依法解释。根据立法法和最高人民法院关于司法解释工作的有关规定，在法律赋予最高人民法院司法解释权限范围内作出解释。始终坚持符合立法目的、法律原则和立法原意，对法律规定的具体应用问题作出解释。

二是突出保护创新。以切实保护品种权人利益、严厉打击侵权行为、促进种业创新、保障科技自立自强为宗旨，积极通过加强司法保护推动育种创新。围绕保护范围、帮助侵权、育种例外等，明确裁判规则，服务种业创新和行业健康有序发展，把党中央关于粮食安全和种业自主创新等各项决策部署不折不扣执行到位。针对当前种业领域侵权套牌等突出问题，重拳出击，形成高压严打态势，切实让侵权者付出沉重代价。在许诺销售、种植行为认定、帮助侵权、收获材料认定、临时保护期和权利终止期费用补偿、惩罚性赔偿、接近阈值认定等一系列问题上，秉持有利于权利保护的司法理念，依法拓展育种创新成果法律保护范围，提高损害赔偿数额，适时转移举证责任，切实加大保护力度，营造有利于创新的市场环境和法治环境。在加强对品种权人保护的同时，注重保护科研机构、销售者、农民等主体的合法权益，平衡市场不同主体间的利益。

三是坚持问题导向。聚焦植物新品种权纠纷案件审判实践中的重点难点问题，坚持问题导向，体现实践特点，切实增强司法保护的实际效果。突出实践中急需的法律适用问题的解释，注意实效性，成熟一条起草一条。对于司法实践中长期存在争议且更适合由立法机关明确的问题不作规定，如最终删除了向社会公开征求意见稿中关于商业目的的规定。

四是加强工作衔接。加强种业知识产权保护，需要从行政执法、司法保护、行业自律等环节完善保护体系，加强协同配合，构建大保护工作格局。起草过程中，与有关部门联合进行调研，加强沟通协调，推动司法保护和行政保护有效衔接，推进形成工作合力。

五是妥处新旧关系。最高人民法院曾于 2001 年和 2007 年分别制定了《最高人民法院关于审理植物新品种纠纷案件若干问题的解释》和《最高人民法院关于审理侵犯植物新品种权纠纷案件具体应用法律问题的若干规定》（以下简称 2007 年司法解释），前者主要规定案由和管辖等程序性问题，后者主要规定品种权侵权判定问题。民法典出台后，根据相关司法解释清理修订工作安排，最高人民法院对上述两个司法解释进行了适应性修改。新的品种权司法解释在 2007 年司法解释的基础上，集中解决当前最为突出的侵害植物新品种纠纷案件审理中的问题，结合近年来审判实践中的新情况新问题，对有关法律适用问题作出增补性、完善性规定，保持了与 2007 年司法解释名称及内容的体系性和延续性。新的品种权司法解释施行后，前两个司法解释仍然有效。

三、主要亮点

新的品种权司法解释涉及许多社会有关方面高度关注的内容，其发布实施，全面提高了我国植物新品种权司法保护水平。主要亮点体现在如下五个方面。

（一）拓展保护范围

一是明确品种权保护对象不受繁育方式限制。第三条规定，品种权所保护的繁殖材料不限于以申请品种权时申请文件所描述的繁殖方式获得的繁殖材料。

二是形成对侵权行为的全链条打击。第四条明确，以广告、展陈等方式作出销售授权品种的繁殖材料意思表示的，可以以销售行为认定处理；第五条明确，种植行为可以根据案件具体情况认定为生产或者繁殖行为，从而将种植环节纳入法律规制范围；第八条规定，知道或者应当知道他人实施侵害品种权的行为，仍然提供收购、存储、运输、以繁殖为目的的加工处理等服务或者提供相关证明材料等条件的，属于帮助侵权。以此将品种权保护明确延伸到为他人侵权提供收购、存储、运输、以繁殖为目的的加工处理以及提供证明材料等帮助环节。由此，新的品种权司法解释构筑起对侵权行为事前、事中和事后的全链条打击，依法明确和细化了植物新品种权的法律保护范围，将我国植物新品种权司法保护水平推到了一个新高度。

（二）强化保护力度

一是提升司法保护的及时性和有效性。为防止因诉讼周期过长导致品种权人合法权益受到进一步侵害，第十四条规定，既可以先行判决停止侵权行为，也可以同时责令采取消灭活性等阻止被诉侵权物扩散、繁殖等临时禁令措施。

二是形成对恶性侵权行为的强力威慑。第十七条列举了适用惩罚性赔偿时构成侵权情节严重的具体情形，并对惩罚性赔偿的适用规则进行细化，明确对于多数情节严重的侵权行为要在补偿性赔偿计算基数的二倍以上确定惩罚性赔偿数额，这样实际的赔偿总额最低应当是补偿性赔偿数额的三倍。

三是明确对品种权人的全面利益补偿。为全面保护品种权人的智力成果，确保其经济利益得到充分补偿，第十八条和第十九条分别规定品种权终止后又恢复权利时终止期实施费和临时保护期使用费的计算方法，保障品种权人在权利终止期和临时保护期内的利益亦能获得合理补偿。

（三）降低维权难度

一是适时转移举证责任，便利品种权人维权。对于被诉侵权品种繁殖材料使用的名称与授权品种相同的情形，第六条规定，人民法院可以推定被诉侵权品种繁殖材料属于授权品种繁殖材料，将证明二者不属于同一品种的举证责任转移给被诉侵权人。对于被诉侵权物既可以作为繁殖材料又可以作为收获材料的情形，第九条规定，被诉侵权人主张被诉侵权物作为收获材料用于消费而非用于生产、繁殖的，应当承担相应的举证责任。对于分子标记检测方法得出极近似结论的情形，根据第二十三条的规定，推定两者属于同一品种，将证明两者特征特性不同的举证责任转移给被诉侵权人，由其提交证据证明两者不属于同一品种。

二是充分运用文书提供命令和举证妨碍制度，让不诚信的被诉侵权人承担不利法律后果。第十五条规定，被诉侵权人拒不遵守人民法院的命令，不提供或者提供虚假账簿、资料的，人民法院可以参考权利人的主张和提供的证据判定赔偿数额，大大降低了品种权人的赔偿证明难度。为便于侵害品种权案件的证据固定和事实查明，第十六条规定，被诉侵权人有抗拒保全或者擅自拆封、转移、毁损被保全物等妨碍证明行为，致使案件相关事实无法查明的，人民法院可以推定权利人就该证据所涉证明事项的主张成立。对于有妨碍民事诉讼行为的当事人，第十六条还明确要求依法追究其法律责任，绝不姑息。

（四）完善法律制度

一是明确科研例外的具体情形，鼓励育种创新。第十一条明确，利用授权品种培育新品种以及利用授权品种培育形成新品种后为品种权申请、品种审定、品种登记需要而重复利用授权品种的繁殖材料的行为，属于种子法第二十九条规定的科研例外情形，不属于侵权行为，以便利育种科研和改进创新。

二是规定权利用尽原则和合法来源抗辩，稳定市场交易秩序。依据我国民法典的侵权损害赔偿过错责任原则，参照《与贸易有关的知识产权协定》（TRIPS 协定），参考《国际植物新品种保护公约》（UPOV公约）（1991 年文本）的有关规定，新的品种权司法解释明确规定了权利用尽原则和合法来源抗辩及其适用条件，并特别强调证明销售的种子有合法来源时除了要符合渠道合法、价格合理和来源清楚等一般要求以外，销售行为还需符合相关种子生产经营许可制度，统一了法律适用标准，有效保护交易安全。

三是既依法保护农民自繁自用的权利，又防止滥用农民自繁自用权利实施侵权行为。第十二条第一款对典型的农民自繁自用行为作出界定，凡是农民在其家庭农村承包经营土地范围内的自繁自用行为，均属于侵权例外；第二款对典型的农民自繁自用行为以外的行为作出原则性指引，明确了应当综合考虑的目的、规模以及是否营利等因素。

（五）规范鉴定程序

新的品种权司法解释明确了鉴定人、鉴定方法的选择以及重新鉴定的条件等问题。第二十条对实务中国务院农业、林业主管部门向人民法院推荐鉴定人的做法予以认可。第二十一条规定，对于没有分子标记检测方法进行性状特征同一性鉴定的，可以采用行业通用方法进行鉴定。第二十二条规定，必须有合理的理由和证据才能申请复检、补充鉴定或者重新鉴定，防止拖延诉讼。

四、重点条款

在司法解释起草过程中，各方面对于以下几个问题争议较大，需要作为重点条款予以说明。

（一）关于权利用尽原则

种子法以及《植物新品种保护条例》未规定权利用尽问题。司法实践中，当事人以权利用尽为由进行不侵权抗辩的情况比较多见，有关法院已在不少个案中支持了这一抗辩。各方面普遍建议通过司法解释对此予以明确规定。

对于权利用尽原则能否在司法解释中规定以及是否应当与专利法等知识产权专门法上的权利用尽有所区别，存在不同观点。有观点认为，不宜在司法解释中规定权利用尽原则。理由在于，权利用尽对品种权人的利益进行了重大切割，应当由立法进行规定。另有观点认为，司法解释可以规定品种权权利用尽原则，该原则与专利等法律领域的权利用尽并无差异，不需要规定相关但书。理由在于，根据首次销售原则，合法购买到授权品种繁殖材料的人有权再销售该繁殖材料，包括进行繁殖后得到的繁殖材料。植物新品种权作为知识产权的保护内容之一，不应当与其他知识产权在权利用尽问题上存在不同。还有观点认为，权利用尽必须要有一个地域范围的限制。理由在于，如果不进行区域限制，则会导致超出许可区域范围进行串货的销售行为不构成侵权，与种子生产经营行政管理制度相冲突。

新的品种权司法解释第十条明确规定了权利用尽原则。主要考虑是：

第一，权利用尽原则在知识产权领域已经得到普遍承认和适用，《国际植物新品种保护公约》（1991 年文本）对此亦有明确规定。作为一种不侵权抗辩事由，并非必须要由立法来明确。

第二，权利用尽原则既合理保护了品种权人利益，又维护了交易安全，有利于促进市场流通。

第三，如果不规定权利用尽原则，则品种权人对于其合法售出且已经获得合理利益回报的繁殖材料，仍可以对后续合法获得该繁殖材料的销售者任意主张权利，既对销售者不公平，又妨碍了商品的正常市场流通，显然不符合知识产权制度的宗旨和立法精神。

品种权的重要特征是其保护对象的独特性，其通过保护繁殖材料来保护品种权人利益，而品种权的繁殖材料具有繁殖子代的特性。因此，与专利、著作权等知识产权领域相比，植物新品种领域的权利用尽原则要受到更多限制，避免出现新品种繁殖材料一经合法售出则可以无限繁殖、严重影响品种权人利益的后果。为此，新的品种权司法解释第十条特别规定了两个例外。

一是对经权利人许可合法售出的繁殖材料生产、繁殖后获得的繁殖材料，不再适用权利用尽原则，他人再以此进行生产、繁殖、销售的，构成侵权，从而防止以权利用尽为名进行多代繁殖。

二是为生产、繁殖目的将该繁殖材料出口到不保护该品种所属植物属或者种的国家或者地区的行为，亦不适用权利用尽原则。在具体适用中，需要特别留意主张权利用尽抗辩的当事人所针对的繁殖材料是否系对经权利人许可售出的合法繁殖材料进行生产、繁殖后获得的繁殖材料，一旦经历了再次繁殖，则权利用尽原则不再适用。

（二）关于科研例外

根据种子法规定，利用授权品种培育新品种属于科研例外。对此实务中的观点一致，但对于为品种授权及品种审定的申请需要，未经品种权人许可，重复利用其授权品种的繁殖材料生产、繁殖所申请品种的行为是否构成侵权行为，实践中认识存在分歧。有观点认为，利用授权品种培育形成新品种后，科研活动即告结束，后续为申请品种授权、品种审定、品种登记需要重复利用授权品种繁殖材料的行为均是为了商业目的，不属于科研例外。另有观点认为，对育种相关的科研过程不宜理解过窄，申请品种授权、品种审定、品种登记时，实际上是为了满足行政审批的需要而必须重复利用授权品种繁殖材料，借鉴专利法关于为提供行政审批信息需要例外（即Bolar例外）的规定，可以将为申请品种授权、品种审定、品种登记需要重复利用授权品种繁殖材料的行为认定为科研例外。

科研育种活动系一个漫长的过程，组配只是其中一个关键环节，组配成功并不意味着科研育种活动即告终结。育种人可能需要申请品种权。对于主要农作物品种而言，还需要经过品种审定，即对新育成的品种或新引进的品种根据审定标准和规定程序，针对品种试验结果进行审核鉴定，决定能否销售或推广并确定适宜推广区域。对部分非主要农作物而言，我国还实行品种登记制度。品种登记的目的是确保进入市场的种子合法，杜绝假冒，建立种业诚信体系和实现可追溯管理。向农业行政主管部门提交申请文件和种子样品申请品种登记，申请人要对其真实性负责，接受监督检查。在申请品种权、品种审定和品种登记时，均需要根据相关行政管理规定提交一定数量的样品。如果将为申请品种权、品种审定或者品种登记的需要而生产繁殖一定数量样品的行为认定为侵权，则不利于植物新品种的研发和行政管理。为此，新的品种权司法解释第十一条第二项规定，利用授权品种培育形成新品种后，为品种权申请、品种审定、品种登记需要而重复利用授权品种的繁殖材料进行的生产、繁殖行为属于科研活动。

具体适用第十一条第二项的例外规定时，需注意重复利用授权品种繁殖材料的行为应该以为品种权申请、品种审定、品种登记需要为限，符合比例原则。具体可以考虑：重复利用授权品种繁殖材料行为的目的是否正当，即是否为品种权申请、审定、登记，以及品种权申请、品种审定、品种登记所需要的繁殖材料规模、范围是否为上述目的所必需。需要特别强调的是，获得品种权授权、通过品种审定或者品种登记后，当事人面向市场推广该新品种时，将他人授权品种的繁殖材料重复使用于生产自己品种的繁殖材料的，需要经过作为父母系的授权品种权利人的同意或许可。

（三）关于农民自繁自用

我国是农业大国，农民群体庞大。作为一种反哺机制，我国保留了农民对种子自繁自用的权利。随着我国农村土地改革的推进和深化，逐渐出现了新型农民承包大户，以农民专业合作社和家庭农场等新型主体作侵权掩护的现象时有发生，因此，既要依法保护农民的合法正当权益，又要防止滥用农民自繁自用权利实施侵权行为。如何确定农民自繁自用例外的标准和界限，实现农民与品种权人的利益平衡，至关重要。

有观点认为，应该严格限定农民自繁自用例外的适用范围，明确限定农民在其家庭农村土地承包经营合同约定的土地范围内自繁自用授权品种的繁殖材料，且繁殖材料使用量不超过其合理自用量的，才适用自繁自用例外；超出农民家庭联产承包土地的范围及用种量的行为构成侵权行为。理由是：目前农民自留种或串换种情况较少见，一般都是自购种子；以农民自繁自用为借口，以农民为掩护，打着农民旗号，租赁土地实施非法繁殖，制售套包、白包（彩包）侵权种子情况越来越多。另有观点认为，不宜将农民自繁自用例外的适用范围限制过窄。理由是：种子法明确规定了农民自繁自用例外，法律明确表达了对该例外的支持态度；农民相对处于社会生产的弱势地位，不应当对其行为进行过多限制，打击农民种粮的积极性，影响农业生产和农村稳定。

综合考虑上述意见的合理之处，尤其是种子法第三十七条明确规定“农民个人自繁自用的常规种子有剩余的，可以在当地集贸市场上出售、串换”，新的品种权司法解释既明确典型情形下农民自繁自用例外的法律边界，又针对现实情况的复杂性保留一定的制度灵活性，形成了第十二条的规定，力图在制度层面平衡农民自繁自用的生存权益和品种权人的正当利益。第十二条第一款对典型的农民自繁自用行为作出界定，凡是农民在其家庭农村承包经营土地范围内的自繁自用行为，均属于侵权例外；第二款对典型的农民自繁自用行为以外的行为作出原则性指引，明确了应当综合考虑的各种具体因素，即综合考虑被诉侵权行为的目的、规模以及是否营利等因素予以认定。在具体适用时，目的因素主要可以考虑是为商业目的还是为私人或者家庭目的；规模因素主要可以考虑土地范围、被诉侵权物数量等；是否营利因素主要可以考虑是否从中获得利益。当然，对于这一条款的适用，还需要在实践中进一步积累经验。

（四）关于合法来源抗辩

合法来源抗辩是知识产权领域常见的抗辩事由。虽然品种权纠纷中的合法来源抗辩尚未通过立法形式得以确立，但已得到大量审判实践的认可。合法来源抗辩的法律基础是民法典关于侵权损害赔偿的过错责任原则，旨在维护交易安全，保护市场交易过程中善意的交易相对人，降低交易成本，维护交易秩序。对符合合法来源构成要件的善意销售者免除赔偿责任，是损害赔偿过错责任原则的必然结果，符合民法基本原则和法律精神。合法来源抗辩有助于引导销售者规范经营，引导品种权人溯源维权，进而打击真正的侵权源头。如果不规定合法来源抗辩，反而会使销售者成为生产者、繁殖者这些侵权源头逃脱侵权责任的“马甲”。《与贸易有关的知识产权协定》第44条也为善意销售者免责留下了空间，规定合法来源抗辩符合该协定的要求。

司法实务中对合法来源抗辩在植物品种权领域能否适用及其适用条件长期存在不同认识，新的品种权司法解释第十三条统一了裁判尺度。具体适用时，需要充分注意第十三条针对植物新品种领域的特点而对合法来源抗辩限定的具体条件。首先，合法来源抗辩主体只能是销售者。其次，合法来源抗辩成立的，销售者仍然要承担停止销售以及赔偿权利人维权合理开支等民事责任。最后，判断销售者合法来源抗辩是否成立时，如前所述，不仅要求销售者满足证明购货渠道合法、价格合理和来源清楚等一般要求以外，销售行为还需符合相关种子生产经营许可制度。鉴于种子领域存在比较完善的行政管理规定，适用合法来源抗辩更具实操性，销售者理应依法取得生产经营许可证却无证经营的，原则上应认定合法来源抗辩不成立。

（五）关于许诺销售行为认定

种子法以及《植物新品种保护条例》仅规定了销售行为，未明确规定许诺销售行为。对于未经许可许诺销售授权品种繁殖材料的行为如何处理以及司法解释应否规定许诺销售行为，实践中存在分歧。第一种意见认为，许诺销售和销售属于不同的行为样态，在种子法以及《植物新品种保护条例》均未规定许诺销售行为的情况下，司法解释不宜规定许诺销售行为。第二种意见认为，许诺销售在专利法等知识产权法中已有明确规定，不将许诺销售行为纳入规制范围，不利于加大品种权的保护力度，司法解释有必要规定许诺销售行为。

新的品种权司法解释基本采纳了第二种意见，第四条规定，以广告、展陈等方式作出销售授权品种的繁殖材料的意思表示的，人民法院可以以销售行为认定处理。这一规定的主要考虑是：

第一，对许诺销售的行为给予规制，有利于加强对品种权的全链条保护。许诺销售行为在侵害植物新品种权纠纷中常见，侵权人在销售过程中往往以授权品种名称向公众进行展示，且为规避风险多选择将繁殖材料隐蔽处理。将“以广告、展陈等方式作出销售授权品种繁殖材料的意思表示的”许诺销售行为纳入销售行为处理，有助于提升对侵害品种权行为的打击力度。

第二，我国已经加入的《国际植物新品种保护公约》（1978 年文本）第 5 条第 1 款对于许诺销售行为有明确规定：“授予育种者权利的效果是在对受保护品种自身的有性或无性繁殖材料进行下列处理时，应事先征得育种者同意：以商业销售为目的之生产；许诺销售；市场销售。”可见，《国际植物新品种保护公约》（1978 年文本）明确要求将许诺销售行为作为侵权行为处理。国内法解释应与我国加入的国际公约一致。虽然法律和行政法规并未规定许诺销售，但是结合我国加入的国际公约以及知识产权理论体系对于销售与许诺销售的理解，应当将许诺销售行为纳入侵权行为处理。

第三，最高人民法院在先案例已经采取了扩张解释销售行为以涵盖许诺销售行为的处理办法。在再审申请人莱州市永恒国槐研究所与被申请人任鸿雁侵害植物新品种权纠纷案［（2017）最高法民申 5006 号］中，最高人民法院结合《国际植物新品种保护公约》（1978 年文本）的规定，明确指出《植物新品种保护条例》第六条所称的销售应该包括许诺销售行为。该案判决取得了很好的社会效果，并在国际会议上获得好评。新的品种权司法解释第四条借鉴了该案的处理思路。

考虑到审理专利纠纷案件的相关司法解释已经对许诺销售的行为表现作了明确界定，新的品种权司法解释第四条并未过多罗列许诺销售的行为表现，仅仅列举了广告、展陈等方式，在具体把握时，并不以上述列举行为表现方式为限。此外，下一步种子法修改如果将许诺销售行为单独作为一种侵权行为，则应当按照法律规定直接认定为许诺销售侵权，而不用再通过认定为销售侵权行为来处理。

（六）关于种植行为认定

根据种子法的规定，品种权侵权行为包括生产、繁殖、销售行为，并未提及单纯的种植行为。植物在种植后的生长期间内，无性繁殖品种可以自我复制和自我繁殖直接形成新个体，如何认定种植行为的性质是司法实务中的难点。有观点认为，对于未经品种权人许可的种植行为本身既不属于生产行为，也不属于繁殖行为，在没有证据证明存在嫁接等行为下，单纯的种植行为仅仅是对繁殖材料的使用，不构成侵权行为。另有观点认为，未经品种权人许可的擅自种植行为损害了品种权人的利益，在法律并未规定相应侵权例外的情况下，种植行为本身即属于生产、繁殖授权品种繁殖材料的行为。

上述两种意见分歧较大，但各有道理。综合考虑上述意见，新的品种权司法解释最后实际上采取了一种折中式的实用主义处理方式，第五条规定，人民法院可以根据案件具体情况，对种植授权品种繁殖材料的行为以生产、繁殖行为认定处理。这一规定的主要考虑是：

第一，如果一律豁免种植行为的侵权责任，不利于植物新品种特别是无性繁殖品种的保护。对于未经品种权人许可种植授权品种繁殖材料的行为，侵权方往往以其系对繁殖材料的使用行为而非生产或者繁殖行为为由提出不侵权抗辩。对于无性繁殖的观赏类植物品种，种植行为本身是该类品种价值的重要实现方式。完全豁免种植行为的侵权责任，显有不妥。

第二，如果简单地将种植行为一律认定为生产、繁殖行为，又会导致打击面过大。由于种子法没有将商业目的作为认定生产、繁殖或者销售这三类侵权行为的构成条件，也没有规定《国际植物新品种保护公约》（1991 年文本）中的私人非商业性行为这一侵权例外，将所有种植行为一律按照生产、繁殖行为处理，会将为私人目的的种植行为也纳入品种权保护范围。为此，新的品种权司法解释第五条原则上明确了可以通过将种植行为认定为生产、繁殖行为进而认定侵权成立，至于如何具体把握，未来可以通过指导性案例来进一步明确。在具体个案处理中，人民法院可以参考借鉴《国际植物新品种保护公约》（1991 年文本）关于私人非商业性行为例外的精神，考虑种植行为的规模、是否属于私人非商业性行为、是否营利等因素综合作出判定。

（七）关于违约实施的侵权认定

如果一方当事人违反其与品种权人约定的许可规模实施生产、繁殖、销售行为，由于该行为通常属于未经一方当事人许可或者追认的行为，构成违约与侵权的竞合，品种权人主张该行为构成侵权行为，理应予以支持。但是，如果合同约定的是许可销售的相应区域，品种权人对于被许可人超出许可区域销售授权品种繁殖材料的行为是否可以主张构成侵权，实践中争议较大。有观点认为，如果合同中对于许可区域有约定，违反该约定的行为，应当依合同法律关系处理，而不应当将其作为侵权行为处理。还有观点认为，超出约定的区域销售授权品种的繁殖材料同样属于未获得授权的情形，也应属于违约与侵权的竞合；品种种植通常是有生态区域限制的，而且某些主要农作物需要经过省级品种审定，所以实践中分区域许可的做法比较普遍；实践中要证明超出数量是很难的，权利人必须全部或者大部分掌握被诉侵权人的生产和销售数量才能有效进行证明，对于权利人来说，超出区域和超出数量都可以主张侵权更有利于维权。

经慎重研究，新的品种权司法解释基本采纳了前一种观点。第七条规定，受托人、被许可人超出与品种权人约定的规模或者区域生产、繁殖授权品种的繁殖材料，或者超出与品种权人约定的规模销售授权品种的繁殖材料，品种权人对此主张构成侵权的，人民法院依法予以支持。该条没有将超出约定区域的销售行为明确规定为侵权行为，主要考虑在于：

第一，将超区域销售行为认定为侵权与权利用尽制度不相协调。根据新的品种权司法解释第十条对权利用尽的规定，授权品种的繁殖材料合法售出后，他人符合特定条件的后续销售行为不构成侵权，该行为的这一法律属性原则上不因是否违反区域限定而有所不同。如果规定受托人、被许可人超出约定区域销售的行为认定为侵权行为，则与第十条规定的权利用尽不属于侵权行为相互矛盾。

第二，将超区域销售行为认定为侵权与反垄断法不相协调。限制销售区域可能涉嫌反垄断法禁止的纵向协议，将超出约定区域销售的行为直接作为侵权行为处理，与反垄断法难以协调。出于反不正当竞争法上的考虑，应当减少对商品销售流通环节的限制。

第三，不将超出约定区域销售的行为作为侵权行为处理，不会导致品种权人缺少救济途径，其仍可以通过违约之诉维护其利益。而且，无论是侵权之诉还是违约之诉，对于超出约定区域销售这一行为而言，品种权人的举证责任和举证难度并无实质差异。

第四，有关种子经营行政许可的区域范围限定，不是将对超区域销售行为认定为民事侵权的依据。行政管理并不当然产生可以作为绝对权保护的民事权益。如果受托人、被许可人超出区域销售的行为违反经营许可证限定的区域，行政执法机关可以给予行政处罚，但是并不意味着该行为当然构成民事侵权行为。

具体适用新的品种权司法解释第七条时，既要注意区分不同的被诉侵权行为类型，又要注意区分合同约定的不同内容。对于生产、繁殖行为而言，无论合同约定的是规模还是区域，超过约定规模或者区域实施生产或者繁殖的，均构成侵权与违约的竞合；对于销售行为而言，超出合同约定规模销售的，构成侵权与违约的竞合；仅仅超出合同约定的区域销售的，一般不构成侵权与违约的竞合，品种权人可以依据合同寻求违约救济。

五、其他问题

（一）关于品种权的行使与收益分配

考虑到共有知识产权的行使规则不同于一般物权需共有权人同意方可处分的规则，新的品种权司法解释第一条对于品种共有权行使及收益分配进行了规定，明确了品种权共有人有实施品种权的自由以及相关利益分配的规则，为保障权利有效行使提供了指引，有利于减少共有人之间的纷争。第一条第一款明确了共有权行使约定优先、无约定或者约定不明则可以单独实施或者以普通许可方式实施的原则。第一条第二款规定了共有人单独实施品种权获得的收益原则上归实施者本人所有，无须分配给其他共有人；同时，为了避免特殊情况下利益严重失衡，该款特别规定了例外情形，即其他共有人有证据证明其不具备实施能力或者实施条件时，单独实施方获得的收益可以适当分配一部分给其他共有人。

在品种权存在转让行为时起诉主体的确定方面，新的品种权司法解释第二条采取以登记、公告为准的公示公信原则。植物新品种权的审查和授予由国务院农业、林业主管部门分别负责，该权利的存在与否、期限长短以及归属均由相应行政主管部门负责登记。著录事项变更登记虽然是一种行政管理措施，但其涉及权利人利益和公共利益，植物新品种权的变动应当进行公示。品种权没有进行登记公示之前，品种权转让行为并未生效，因此第二条明确规定，品种权转让未经国务院农业、林业主管部门登记、公告，受让人以品种权人名义提起侵害品种权诉讼的，人民法院不予受理。实践应用中还要注意，目前国务院农业、林业主管部门的有关行政规章对品种权转让合同生效时点是登记之日还是公告之日的具体规定有所不同。

（二）关于作为品种权保护对象的繁殖材料

根据我国现行植物新品种权保护制度，品种权的保护对象是授权品种的繁殖材料。品种权保护制度通过保护繁殖材料来保护品种权人利益，不同于专利制度以公开技术方案换得保护的原则。新的品种权司法解释第三条规定了繁殖材料应当满足的条件，明确以繁殖材料为对象保护品种权的基本原则，有利于厘清品种权保护与专利权保护的异同，精准认定被诉侵权行为。

我国加入的《国际植物新品种保护公约》（1978 年文本）第 5 条将品种权的保护对象限定在有性或无性繁殖材料，且无性繁殖材料应包括植物整株。

我国尚未加入的《国际植物新品种保护公约》（1991 年文本）第 14 条第 2 项将保护范围由繁殖材料延伸至了收获材料及直接制成品。

我国种子法和《植物新品种保护条例》虽然将品种权的保护对象限定为植物新品种的繁殖材料，但是均未对繁殖材料作出明确界定。

对于品种权的保护范围，2007 年司法解释在征求意见时，有关部门存在不同意见。有意见认为，应以审批机关批准的品种权申请文件记载的特异性为保护范围；另有意见主张，申请品种的全部遗传特性都包含在繁殖材料中，应以繁殖材料来确定品种权保护范围。2007 年司法解释初稿也曾经基于专利权与品种权最为接近的考虑，拟借鉴专利侵权认定的方法，但因植物品种是活体，以繁殖材料为载体的生物遗传特性难以用文字全面、准确地描述，最终确定以被诉侵权繁殖材料与授权品种具有相同特征特性作为比对标准进行侵权认定，而并未直接规定品种权的保护范围。

繁殖材料和收获材料的判断涉及品种权的保护范围，是品种权法律制度的重要基础。植物新品种获得授权需要具备新颖性、特异性、一致性和稳定性等条件。其中，一致性是指当一个品种的特性除可预期的自然变异外，群体内个体间相关的特征或者特性表现一致；稳定性是指一个品种经过反复繁殖后或者对于特定繁殖周期结束时，其主要性状保持不变。

植物新品种的遗传特性包含在该品种的繁殖材料中，繁殖材料在形成新个体的过程中通过遗传信息传递了品种的特征特性，使得繁殖产生的新个体表达了明显有别于在申请书提交之时已知的其他品种的特性，并且经过繁殖后其特征特性未变，因此，承载并传递品种特征特性的繁殖材料，是品种权人行使独占权的基础。

虽然植物体的籽粒、果实和根、茎、苗、芽、叶等都可能具有繁殖能力，但其是否属于品种权保护范围的繁殖材料，有赖于所涉植物体所繁殖出的植物的一部分或整个植物的新个体，是否具有与该授权品种相同的特征特性。还需指出的是，在当前技术条件下，分子育种受到植物品种的基因型、器官、发育时期等多方面制约，在培育过程中可能产生变异。通过分子育种获得的种植材料是否属于繁殖材料，不能简单地依据植物细胞的全能性来认定，仍应判断该种植材料能否具有繁殖能力，以及繁殖出的新个体能否体现该品种的特征特性。否则，将导致植物体的任何活体材料均可能被不加区分地认定为该品种的繁殖材料。

此外，根据新的品种权司法解释第三条第二款的规定，品种权所保护的繁殖材料与获得该繁殖材料所采取的育种方式无关。虽然在申请品种权时，申请人提交的是采用以特定育种方式获得的繁殖材料，但并不意味着授权品种的保护范围仅限于以该育种方式获得的繁殖材料，以其他方式获得的繁殖材料亦属于该品种的保护范围。

（三）关于被诉侵权品种使用与授权品种相同名称时的处理

实践中，被诉侵权人使用授权品种名称从事侵权的行为多发，是一种目前较为突出、典型的种子套牌侵权行为。在诉讼中，当品种权人举证证明被诉侵权品种繁殖材料使用的名称与授权品种相同时，被诉侵权人往往以被诉侵权品种繁殖材料并非授权品种繁殖材料为由提出抗辩。此时，如果要求品种权人提供进一步的证据以证明被诉侵权品种繁殖材料确系授权品种繁殖材料，则品种权人将不得不采取鉴定等方式实现证明目的，大大增加维权难度。

实际上，品种权的名称有相应的法律制度规范，授权品种的名称具有独特性，系该品种的通用名称。种子法第二十七条规定："授予植物新品种权的植物新品种名称，应当与相同或者相近的植物属或者种中已知品种的名称相区别。该名称经授权后即为该植物新品种的通用名称。……同一植物品种在申请品种权保护、品种审定、品种登记、推广、销售时只能使用同一个名称……"据此，如果被诉侵权人使用授权品种的名称从事侵权行为，其涉及的繁殖材料属于授权品种繁殖材料的可能性极大。

因此，新的品种权司法解释第六条前半段规定，如果被诉侵权品种繁殖材料使用的名称与授权品种相同的，人民法院可以推定被诉侵权品种繁殖材料属于授权品种繁殖材料，从而将证明二者不属于同一品种的举证责任施加给被诉侵权人，大大降低了品种权人的举证难度，为品种权人维权提供了更大便利。

如果被诉侵权人证明，其虽然使用了与授权品种相同的名称，但是其被诉侵权繁殖材料确实不属于授权品种繁殖材料，此时被诉侵权人的行为构成假冒授权品种行为。种子法第七十三条第六款和《植物新品种保护条例》第四十条均规定，假冒授权品种的，可以责令停止假冒行为，没收违法所得和植物品种繁殖材料。上述规定未将假冒授权品种行为包括在侵害植物新品种权的行为中。

学术界通常认为，侵权行为与假冒行为并不相同，假冒行为属于不正当地利用了品种名称承载的商业信誉，属于不正当竞争行为，不属于侵犯植物新品种权的行为。

与学术界不同的是，实务界则是将套牌假冒纳入侵权中进行处理，在民事案件案由中将假冒品种权纳入侵害植物新品种权行为。种子法对于假冒授权品种行为仅规定了行政处罚，并未规定民事责任。对于假冒授权品种这一侵权行为的民事责任如何确定，实践中存在三种途径：一是参照假冒专利行为确定；二是参照擅自使用与他人有一定影响的商品名称相同或者近似的标识的不正当竞争行为确定；三是参照假冒注册商标行为确定。

新的品种权司法解释第六条后半段选择了第三种路径。之所以规定参照假冒注册商标行为的有关规定处理，主要考虑：

其一，品种名称有指示特定品种来源的作用，其功能与商标更为近似。

其二，假冒注册商标行为可以适用惩罚性赔偿的相关司法解释，参照假冒注册商标行为处理，则可以大大提高对假冒授权品种的打击力度。

其三，假冒专利行为要么仅仅虚构专利号，并未侵害具体专利权人的利益，要么假冒他人专利号，并不实施专利技术方案，与权利人的损失之间的因果关系较远，适用侵权损害赔偿时在因果关系上需要区分情形，参照假冒专利确定损害赔偿比较困难。而参照假冒商标处理，则因果关系更为清晰，确定损害赔偿更加便利，且如前所述，还便于适用惩罚性赔偿的相关司法解释。

（四）关于帮助侵权行为

新的品种权司法解释第八条将品种权保护延伸到为他人侵权提供收购、存储、运输、以繁殖为目的的加工处理以及提供证明材料等帮助环节，形成了对侵权行为的全链条打击，大大提高了品种权的保护水平。根据该条规定，侵害品种权意义上的帮助侵权行为并非泛指任何形式的帮助行为。在依据民法典第一千一百六十九条的规定认定有关帮助侵权行为时，应注意审查如下要件。

第一，主观要件。帮助行为人知道或者应当知道自己的行为是在帮助侵权人实施侵害品种权行为，其积极推动或者放任侵权结果发生，具有主观恶意。应当知道包括根据具体情况推定帮助行为人应当知道。

第二，客观要件。帮助行为人实施了积极的帮助行为，客观上为侵权行为提供了实质性的服务或者条件，例如收购、存储、运输、以繁殖为目的的加工处理以及提供相关证明材料等。以繁殖为目的的加工处理是指为便于繁殖而加工，例如给种子包衣等，不包括破坏种子活性的加工行为。提供相关证明材料包括提供植物新品种权证书、品种权授权证明、种子生产经营许可证等证明材料。

第三，帮助行为与被帮助者侵害品种权行为造成的损害后果之间具有因果关系。帮助他人实施侵权行为的，应当与被帮助者承担连带责任。

需要指出的是，第八条通过对帮助侵权行为的规定，还间接补充了侵害品种权纠纷案件的管辖连结点。对上述帮助侵权行为，收购地、储存地、运输地、以繁殖为目的的加工处理地等可以作为确定管辖连结点的依据。

（五）关于被诉侵权物既是繁殖材料又可以作为收获材料时的处理

侵害品种权的生产、销售行为较为隐蔽，对于制种季节性、地域性较强的品种，权利人举证存在一定困难。此外，我国法律对于品种权的保护范围仅包括繁殖材料而不包括收获材料，对于既是繁殖材料又是收获材料的被诉侵权物，被诉侵权方往往抗辩所涉植物体是收获材料，以图逃避侵权责任。对此，新的品种权司法解释第九条规定，被诉侵权物既是繁殖材料又可以作为收获材料时，被诉侵权方主张被诉侵权物系作为收获材料用于消费而非用于生产、繁殖的，应当承担举证责任。如果被诉销售商主张其销售行为所涉植物体为收获材料而非繁殖材料，并提供了相应证据，人民法院在具体审查时可以关注该销售者销售该繁殖材料的真实意图，即其意图是将该植物体作为繁殖材料销售还是作为收获材料销售。如果被诉繁殖材料的使用者抗辩其属于使用行为而非生产、繁殖行为的，可以审查该使用者的实际使用情况，例如是将繁殖材料直接用于消费还是将其用于繁殖授权品种。

（六）关于强化品种权保护的司法措施

为进一步加强品种权司法保护的及时性和有效性，新的品种权司法解释规定了三项司法救济举措。

一是部分先行判决并且可以同时采取临时禁令措施。为了保护当事人的权利，防止因诉讼周期过长导致原告合法权益受到持续的、进一步的侵害，实现以最少的时间、最小的成本解决纠纷，第十四条规定，对于案涉事实中已经审理清楚的部分，可以先行作出部分判决。同时，根据植物繁殖材料的特点，明确了在先行判决停止侵害的同时，还可以依据当事人的请求和具体案情，责令采取消灭活性等阻止被诉侵权物扩散、繁殖的临时禁令措施。需要说明的是，这种临时禁令措施并非只有在先行判决停止侵害时才能采取，而是为了弥补一审责令停止侵害判决尚未生效时缺乏执行力的制度弱点，人民法院在一审、二审审理过程中包括在作出一审判决时，如确有必要都可以随时采取临时禁令措施。

二是文书提供命令制度。第十五条借鉴专利法等法律的相关规定，明确规定了文书提供命令制度：人民法院为确定赔偿数额，在权利人已经尽力举证，而与侵权行为相关的账簿、资料主要由被诉侵权人掌握的情况下，可以责令被诉侵权人提供与侵权行为相关的账簿、资料；被诉侵权人不提供或者提供虚假账簿、资料的，人民法院可以参考权利人的主张和提供的证据判定赔偿数额。

三是举证妨碍制度。种子的生产和销售不仅具有地域选择性，而且在时间上也集中在短暂的农忙时节，由此决定了侵权证据的发现和固定难度大。同时，人民法院在采取证据保全措施时，因种子多为受托农民繁育，抗拒保全、转移、毁损被保全物等现象时有发生。为此，第十六条规定，被诉侵权人有抗拒保全或者擅自拆封、转移、毁损被保全物等举证妨碍行为，致使案件相关事实无法查明的，人民法院可以推定权利人就该证据所涉证明事项的主张成立；构成民事诉讼法第一百一十一条规定情形的，依法追究法律责任。根据第十六条后半句的规定，构成妨害民事诉讼行为的，可以根据情节轻重依法予以罚款、拘留等。上述规定明显有利于品种权案件的证据固定和侵权事实的查明。

（七）关于惩罚性赔偿的适用

我国民法典第一千一百八十五条规定了知识产权侵权惩罚性赔偿制度："故意侵害他人知识产权，情节严重的，被侵权人有权请求相应的惩罚性赔偿。"植物新品种权领域是我国较早采用惩罚性赔偿制度的领域之一。在民法典颁布之前，种子法第七十三条第三款就规定了侵害品种权的惩罚性赔偿："侵犯植物新品种权，情节严重的，可以在按照上述方法确定数额的一倍以上三倍以下确定赔偿数额。"2021 年 3 月 2 日发布的《最高人民法院关于审理侵害知识产权民事案件适用惩罚性赔偿的解释》规定了惩罚性赔偿的适用标准。新的品种权司法解释第十七条结合侵害品种权行为的特点，进一步列举了属于情节严重的六种情节，明确了适用惩罚性赔偿的条件以及惩罚性倍数的确定，为积极适用惩罚性赔偿作出具体指引。

第十七条第二款还根据情节严重程度的不同，进一步区分了可以在计算基数的二倍以上确定惩罚性赔偿数额的情节，体现了对严重侵权行为的严厉打击态度。这些情节包括：因侵权被行政处罚或者法院裁判承担责任后，再次实施相同或者类似侵权行为；以侵害品种权为业；以无标识、标签的包装销售授权品种；未取得种子生产经营许可证生产经营种子；以欺骗、贿赂等不正当手段取得种子生产经营许可证；伪造、变造、买卖、租借种子生产经营许可证。考虑到目前种子法限定的惩罚性赔偿倍数为一倍以上三倍以下，与现行有关知识产权专门法规定的一倍以上五倍以下有所差异，故新的品种权司法解释没有规定惩罚性倍数的上限，留待未来种子法的修改确定。

（八）关于终止期实施费和临时保护期使用费

新的品种权司法解释第十八条和第十九条分别规定了终止期实施费及临时保护期使用费的确定问题。

当事人因正当理由而耽误法定期限或者品种保护办公室指定的期限，造成其权利丧失的，可以自收到通知之日起二个月内向品种保护办公室说明理由，请求恢复其权利。第十八条规定，品种权终止后依法恢复权利，权利人要求实施品种权的单位或者个人支付终止期间实施品种权的费用的，人民法院可以参照有关品种权实施许可费，结合品种类型、种植时间、经营规模、当时的市场价值等因素合理确定。

《植物新品种保护条例》第三十三条规定，品种权被授予后，在自初步审查合格公告之日起至被授予品种权之日止的期间，对未经申请人许可，为商业目的生产或者销售该授权品种的繁殖材料的单位和个人，品种权人享有追偿的权利。种子法虽对此未作规定，但人民法院仍应贯彻落实《植物新品种保护条例》第三十三条规定的精神。品种权人从初审公告到授权的期间内，其有权要求生产或者销售该授权品种的繁殖材料的单位和个人支付的费用实际上具有一定经济补偿的性质，法律关系类似于不当得利之债。此类纠纷的案由定为植物新品种临时保护期使用费纠纷较为妥当。持续增长的品种权授权数量导致涉及此类纠纷越来越多。为全面保护品种权人的科技成果，新的品种权司法解释第十九条对于自初审公告至授权期间的被诉行为以及延续至品种授权后的被诉行为分别作了规定，权利人对前者主张权利的，按照植物新品种临时保护期使用费纠纷处理；对后者主张权利的，按照侵权纠纷处理。人民法院对此可以合并审理，但是对于品种权临时保护期使用费和侵权损害赔偿应当分别计算处理。

品种权人对自初审公告之日起至授权之日期间可以追偿的被诉行为类型应当与授权后其可以制止的被诉侵权行为类型一致，因此，新的品种权司法解释第十九条对《植物新品种保护条例》第三十三条的规定作出了适应性的调整，删除了生产、繁殖行为的“为商业目的”这一要求，并增加了“为商业目的将该授权品种的繁殖材料重复使用于生产另一品种的繁殖材料”的行为，有利于保护品种权人的经济利益。

（九）关于鉴定问题

新的品种权司法解释针对起草调研中以及司法实践中反映的突出问题，在第二十一条至第二十五条分别规定了鉴定人、鉴定方法、重新鉴定、鉴定意见采信等问题。

考虑到目前植物新品种权领域尚无鉴定机构被司法部授予鉴定资

格，为增加实操性，第二十条规定，侵害品种权案件的鉴定由当事人在相关领域鉴定人名录或者国务院农业、林业主管部门向人民法院推荐的鉴定人中协商确定；协商不成的，由人民法院从中指定。这一规定是对实务中国务院农业、林业主管部门向人民法院推荐鉴定人的做法予以认可，一定程度上解决了品种鉴定单位及专业鉴定人员的选择问题。

简单重复序列（SSR）、单核苷酸多态性（SNP）、多核苷酸多态性（MNP）等分子标记检测方法是判断品种同一性的快速检测方法，但并非所有的授权品种均有基因指纹图谱库可供同一性鉴定，因此，新的品种权司法解释第二十一条对于没有基因指纹图谱等分子标记检测方法进行鉴定的品种，规定可以采用行业通用方法进行同一性判断。采用行业通用方法对授权品种与被诉侵权物的特征、特性进行同一性判断时，需要注意如下问题。一是要充分考虑待测样品所属植物类别与鉴定机构、鉴定人技术领域的对应性。二是要针对主要特征特性进行形态上比对，充分考虑行业通用的根、茎、叶、花、果、种子等表型特征，同时还可对其育种来源进行比对。三是要考虑芽变品种的测试鉴定的特殊性。对芽变品种而言，目前找到准确可区分的分子标记有难度，芽变品种还高度依赖关键园艺性状的区分。品种权人可申请证据保全，在关键园艺性状表现明显差异的季节，对被诉侵权人列举的关键园艺性状差异进行比对判断。

对于已经存在一份鉴定意见的情况下，当事人是否还可以再次申请鉴定的问题，实务中争议较大。实践中存在只要有分子鉴定报告则不允许当事人进行再次申请鉴定的情况，虽然该做法有助于纠纷及时解决，但如果鉴定报告有实质性缺陷，不进行再次鉴定，则不利于查清侵权事实。当然，如果随意重新鉴定，既会拖延诉讼，也会增加诉讼成本。为此，新的品种权司法解释第二十二条作了相应规定，允许申请复检、补充鉴定或者重新鉴定，但是申请人必须有合理的理由和证据，防止拖延诉讼，引导合理复检，缩短鉴定周期。如存在鉴定机构或鉴定人不具备相应鉴定资质、鉴定程序严重违法、对照样品来源不明、鉴定方法明显依据不足等情况，且申请人提供了相应证据的，原则上应认为有合理理由，可以复检、补充鉴定或者重新鉴定。

采用分子标记法进行鉴定时，可能出现鉴定报告显示待测样品与标准样品的差异接近阈值的情况。授予植物新品种权是以田间种植进行特异性、一致性、稳定性测试（DUS测试）所确定的性状特征为基础，而DNA分子标记检测所采取的核心引物（位点）与DUS测试的性状特征之间并不必然具有对应性。因此，对于DNA鉴定意见认为待测样品与标准样品的差异接近阈值，两者无明显差异时，并非总能得出两者的特征特性无明显差异的结论。针对上述情形，新的品种权司法解释第二十三条规定，此时证明授权品种与被诉侵权物不属于同一品种的举证责任转移给被诉侵权人，由其提交证据证明被诉侵权品种与授权品种相比具有明显且可重现的差异。同时，该条亦进一步规定了人民法院可以采取其他措施，例如扩大检测位点进行加测、提取授权品种标准样品进行测定等，并结合其他相关因素作出认定。

第二十四条规定了田间观察检测与基因指纹图谱等分子标记检测结论冲突时的证据采信问题。田间观察检测是把待测品种与授权品种相邻种植，通过性状观察确定两者是否为同一品种。将上述两个品种的繁殖材料在田间种植，待植株生长到一定阶段，相关性状充分表达后，根据相关作物DUS测试指南要求观察、统计、分析各自性状，结合品种权申请文件的描述，以鉴定该待测品种与授权品种的同一性。DNA指纹图谱鉴定检测技术是一种常见的分子标记检测方法，由于不同品种间遗传物质DNA碱基排列不同，具有高度的特异性，可以通过识别遗传物质DNA的碱基排列顺序的差异来区别不同品种。目前农业农村部已经发布农业植物新品种分子标记鉴定国家标准3项，SSR分子标记行业标准44项和SNP标记法行业标准5项，涵盖水稻、玉米、大豆、棉花、马铃薯、花生、黄瓜、番茄、甘薯、向日葵、柑橘等农作物品种，为快速检测奠定了基础。

前已述及，由于DNA检测所采取的核心引物（位点）与DUS测试的性状特征之间并不必然具有对应性，当DNA鉴定意见认为待测样品与标准样品无明显差异时，不能必然得出两者的特征特性无明显差异的结论。考虑到品种权的审批机关依据田间观察检测对申请品种的特异性、一致性和稳定性进行实质审查，因此，如果侵权案件审理中出现田间观察检测与基因指纹图谱等分子标记检测结论相互矛盾的情况，则应以田间观察检测结论为准。

（来源：《人民司法》2021年第28期）

最高人民法院法官会议纪要

合同预期违约解除权及损失赔偿范围的认定*

（最高人民法院第五巡回法庭 2019 年第 22 次法官会议纪要）

【主持人】魏文超

【出席法官】黄年、李德申、李延忱、王海峰、马成波、葛洪涛、司伟、杨军、叶欢、乐敏

【列席人】何能高

基本案情

2007 年 10 月 8 日，甲公司发布《材料采购生产用石灰招标文件》，就其项目所需要的石灰石粉的供货进行招标。随后，乙公司进行了投标。2007 年 11 月 25 日，甲公司发出中标通知书，乙公司中标。2007 年 12 月 20 日，乙公司（乙方）与甲公司（甲方）签订了《石灰投资建设协议书》，约定：乙方投资建设并经营石灰石矿及石灰生产线，甲方定向采购乙方提供的满足甲方数量和技术指标的石灰和石灰粉；乙方

* 本文选自李少平主编：《最高人民法院第五巡回法庭法官会议纪要》，人民法院出版社 2021 年版，第 33～51 页。

负责对石灰石矿及石灰生产线的基建投资、施工、矿石开采和石灰生产，将烧成后的合格石灰供应给甲方；石灰的供应事宜，由双方在招投标报价和招标文件要求的基础上，每两年签订一次《石灰供销合同》，自2007年11月30日（乙方接到中标通知书日期）起至2032年11月30日止；当乙方不能提供满足甲方技术指标或供货数量的石灰或石灰粉时，甲方有权要求乙方整改，经乙方整改后仍不合格的，甲方有权中止合同，但必须提前二十天通知乙方。在履约过程之中，由于各种因素的影响，双方均出现了一定的违约行为。最终，乙公司向一审法院起诉，要求解除双方合同，并赔偿其直接投入损失、预期的利润损失以及其他各种损失。

法律问题

合同履行过程中，双方均存在违约行为。一方当事人主张解除合同并主张违约损害赔偿，如何应用合同法第九十四条第二项认定预期违约以及应如何计算相关违约责任?

不同观点

甲说：

能够按照预期违约主张合同解除只能是守约方，违约方不能够主张合同解除。合同解除制度的基础在于赋予守约方保护自身利益的权利，合同法的相关规定之中，并未有违约方可以解除合同的相关条款设置。即便合同因违约方原因导致客观上不能履行等情况，只要守约方不提出解除合同，则违约方无权主张解除合同。

乙说：

预期违约制度中，并不排除违约方在一定情形下行使解除合同的权利。合同法虽然并未明文规定违约方可以主张合同解除，但在出现合同事实上处于履行不能状态、继续履行会给违约方甚至是守约方造成比合同解除更严重的损失时，也即合同僵局的情形，违约方可以主张合同解除。对于违约方的惩罚可以在合同解除后的损失确定环节确定，在可预见性规则之下，运用与有过失、减轻损害规则、损益相抵等规则，综合判断当事人的损失范围。

法官会议意见

采乙说

合同僵局最终导致非违约方不必要的损失，也导致整个社会资源的浪费。根据公平原则，在合同僵局的情况下，首先应由违约方催告守约方，守约方于宽限期满仍不行使解除权，也不与违约方协议变更或者解除合同的，应当允许违约方解除合同。允许违约方可以解除合同并不是赋予其“法定解除权”。民法典第五百八十条第二款中确认的是合同的司法解除。此外，在双方均存在违约的情形下，要根据双方违约行为的程度以及其他具体情况，判断合同解除权的归属，进而判断合同是否应该予以解除。

意见阐释

一、预期违约制度下合同解除权的认定

根据合同法第九十四条第二项的规定，在履行期限届满之前，当事人一方明确表示或者以自己的行为表明不履行主要债务的，守约方可以解除合同。民法典第五百六十三条亦对该条款进行了确认。[①] 学者将该条归结为“因拒绝履行而发生的解除权”，即在履行期限届满之前，当

① 民法典第五百六十三条规定：“有下列情形之一的，当事人可以解除合同：（一）因不可抗力致使不能实现合同目的；（二）在履行期限届满前，当事人一方明确表示或者以自己的行为表明不履行主要债务；（三）当事人一方迟延履行主要债务，经催告后在合理期限内仍未履行；（四）当事人一方迟延履行债务或者有其他违约行为致使不能实现合同目的；（五）法律规定的其他情形。以持续履行的债务为内容的不定期合同，当事人可以随时解除合同，但是应当在合理期限之前通知对方。”

事人一方明确表示或者以自己的行为表明不履行主要债务，相对人可以解除合同，且没有要求催告。该条款系参考了英美法上的先期违约（anticipatory breach of contract）制度，又称为预期违约。[①] 在预期违约制度下，当事人无须向对方催告即可行使该种"法定解除权"，但是对方仍可行使不安履行抗辩权同解除权进行相应的对抗。此外，由此引发的各方抗辩，又涉及合同僵局、双方违约等情况，如何判断合同解除权的归属显得尤为必要。

（一）预期违约同不安履行抗辩权之衔接

预期违约分为明示预期违约、默示预期违约两种。其中，"一方当事人在合同履行期限届满之前，在没有正当理由的情况下，通过自己的行为向对方当事人表明其将不履行合同义务"默示违约的适用，同合同法第六十八条规定（现为民法典第五百二十七条）的不安履行抗辩权的适用条件在一定程度上会存在重合。对于该问题，学者普遍认为：合同法既规定了本属于大陆法系制度的不安履行抗辩权，又借鉴了英美法系的预期违约制度，是混合继受的典型范例。[②] 同时，又认为二者的功能和作用几乎一致，差别微乎其微，因此只需在大陆法系框架内规定不安履行抗辩权制度即可。也有学者则认为，二者之间存在很大差异，无法互相取代，立法应当同时规定。还有学者认为从制度功能上看，默示预期违约制度较之于不安履行抗辩权制度更有优势。[③]

笔者认为，作为我国法律继受的代表性法律制度，预期违约和不安履行抗辩权是来自不同法系，有着各自不同调整对象和作用阶段的制度。民法典施行后，在我国现行有关合同的相关法律框架中，当事人行使不安履行抗辩权并不能直接导致合同的解除，除非对方当事人不能够

---

① 韩世远：《合同法总论》，法律出版社2011年版，第515页。

② 韩世远：《合同法总论》，法律出版社2011年版，第316页。

③ 汪志渊：《民法典合同编应重构预期违约制度》，载《人民法院报》2019年9月5日。

提供相应担保时，才可以解除相关合同。在该种情况下，不可否认，不安履行抗辩权适用条件同民法典第五百六十三条第二项中“以自己的行为表明不履行主要债务”的情形，会存在重合的现象。[①]

但是，不安履行抗辩权主要针对合同履行阶段出现的违约情况，抗辩权人可以暂时中止自身给付行为，并不直接带来合同解除的效果；预期违约则是赋予权利人直接解除合同的权利，不需要向对方进行催告等手续，即可以解除合同。

结合本案情况，甲公司明显有以自身行为明确表示不履行合同义务的意思表示，法院可以适用预期违约的规则，认定乙公司对合同享有解除权。值得我们注意的是，甲公司在合同的履行过程中，乙公司存在产能不足、供货不稳定等情况，甲公司提出其不履行相关合同内容的行为乃是对抗乙公司存在的违约行为，乙公司不应享有合同解除权。本案虽然未采纳甲公司意见，但是在双方均存在一定违约行为的情况下，有必要区分不安履行抗辩权和默示预期违约制度的具体衔接范围。虽然不安履行抗辩权和默示预期违约制度存在一定适用范围的重合，但该种重合并非意味着相互适用的一种割裂。实际上，在民法典的条文设置之中，第五百二十八条已经将第五百二十七条规定的不安履行抗辩权和预期违约制度进行了衔接。当事人如果有需求，在取得不安履行抗辩权之后，其可以迅速向预期违约解除权靠拢。[②]

（二）特定情况下预期违约违约方解除权的认定

在存在预期违约的情况下，实务中普遍认为只有守约方才享有解除权。例如，最高人民法院在万顺公司诉永新公司等合作开发协议纠纷案中认为，催告对方履行的当事人应当是守约方，处于违约状态的当事人

---

① 韩世远：《合同法总论》，法律出版社2011年版，第519页。

② 从民法典合同编条文的设置来看，其对于合同法之中不安履行抗辩权和预期违约的制度并未作过多的调整，这也体现了合同法在立法上的先进性。

不享有基于催告对方仍不履行而产生的合同解除权。纵观合同法确立的合同解除制度，其立法宗旨在于将解除权赋予守约方，只有守约方才能享有基于催告对方仍不履行而产生的合同解除权。因此，若催告对方履行合同的当事人在发出催告通知时，自身已处于违约状态，则其不能享有由此而产生的合同解除权。①

可是，实务中出现的下述情况引起我们的反思：合同已经在法律或者事实上不能履行，继续存在下去会给违约方带来负面的后果，合同存续时间越长则违约方的违约责任越大。守约方此时却不行使解除权，经过催告之后也不行使解除权。于此场合，应否允许违约方将合同解除？上述情况的出现，在广义上都属于一方当事人在合同届满前明示或者以行为表明不履行合同的行为，属于预期违约范畴，但关键点在于守约方不行使合同解除权，形成合同僵局的局面。所谓合同僵局即在长期合同中，一方因为经济形势的变化、履约能力等原因，导致不可能履行长期合同，需要提前解约，而另一方拒绝解除合同。合同法第一百一十条就是对上述合同僵局局面的描述，但并未进一步规定相应的后果，以至于在合同僵局出现之后，法院只能按照默示预期违约制度来判断合同解除权的归属。但是，由于合同法体系坚持“违约方无权解除合同”的理念，在非违约方不主动解除合同的情况下，最终导致违约方不必要的损失，也导致整个社会资源的浪费。因此，当违约方继续履约所需的财力、物力超过合同双方基于合同履行所能获得的利益，合同已不具备继续履行的条件时，为衡平双方当事人利益，可以允许违约方解除合同。②

① 参见最高人民法院（2003）民一终字第47号民事判决，载《最高人民法院公报》2005年第3期（总第101期）。

② 参见新宇公司诉冯某梅商铺买卖合同纠纷案，载《最高人民法院公报》2006年第6期（总第116期）。

根据公平原则，在合同僵局的情况下，首先应由违约方催告守约方，守约方于宽限期满仍不行使解除权，也不与违约方协议变更或者解除合同的，应当允许违约方解除合同。该种处理方法，在现在的经济环境之中，不仅有利于保护守约方的利益，还有利于保护迫于某些经济压力而不得不违约的违约方之利益。上述案件之中，甲公司案涉项目在行业不景气的情况下，进行停产并将整体产业出租，是客观条件下理性的选择，能有效防止自身经营利益受损，避免国家在该行业的产能过剩，乃至推动产业的提档升级。因此，即使乙公司不主张解除合同，甲公司也可以适时向法院主张案涉合同的解除。事实上，民法典第五百八十条第二款采取的即是上述做法。①

需要注意的是，赋予违约方在合同僵局情况下解除合同并不是赋予其“法定解除权”，因为“如果通过赋予违约方享有解除权的方式打破合同僵局，就意味着在出现合同僵局的情形下，违约方愿意解除就可以解除，不愿意解除就可以继续履行，这实际上是将合同是否继续履行完全交由违约方决定，这必将出现对合同严守的破坏并产生严重的道德风险”②。有观点认为，民法典第五百八十条第二款规定的就是违约方的合同解除权。事实上，纵观民法典全文，其并未承认违约方享有解除权，该条款完全符合比较法意义上的司法解除情形。司法解除，顾名思义，即当事人请求法院解除双方合同的行为，申请司法解除之后，法院不仅可以确认解除权人权利行使的效力，还可以直接认定合同的解除。③ 司法解除的出现，缓解了之前合同法体系中关于合同僵局情形解

① 民法典第五百八十条规定：“当事人一方不履行非金钱债务或者履行非金钱债务不符合约定的，对方可以请求履行，但是有下列情形之一的除外：（一）法律上或者事实上不能履行；（二）债务的标的不适于强制履行或者履行费用过高；（三）债权人在合理期限内未请求履行。有前款规定的除外情形之一，致使不能实现合同目的的，人民法院或者仲裁机构可以根据当事人的请求终止合同权利义务关系，但是不影响违约责任的承担。”

② 王利明：《论合同僵局中违约方申请解约》，载《法学评论》2020年第1期。

③ 王利明：《论合同僵局中违约方申请解约》，载《法学评论》2020年第1期。

决的乏力状态，使当事人不必执着于合同预期违约制度，为社会经济秩序的良好运行提供了保障。

（三）在合同大部分已经履行完毕情况下，双方均出现违约行为或者主张解除合同的，如何判断哪方当事人享有解除权

根据民法典第五百六十三条的规定，当事人在合同约定的履行期限届满之前都可以依照该规定要求解除合同。该条规定对于英美法上的预期违约有所超越，不仅有“期前”拒绝履行，也还包括了“届期”拒绝履行。在合同约定的履行期开始之前，一方或者双方明确以自己行为表示不履行合同，双方各自适用预期违约主张解除合同，并无不当。但是在合同约定的期限届满前，在合同已经履行了大部分的情况下，双方当事人均出现了一定的违约行为，在合同僵局尚未出现的情况下，应该如何判断合同解除权的行使？应该看到，在一方当事人明确表示不履行合同义务的情况下，守约方完全可以“继续履行”合同为由，不同意解除合同。但是，在某些情况下，守约方并未向违约方主张合同解除，且自身也存在一定程度的违约行为。在当事人直接向法院主张合同解除的情形下，确认哪一方当事人有权解除合同就非常有必要。笔者认为，该种情况下，运用预期违约的条款或者是合同目的不能实现的条款均能够实现合同解除的目的，关键是要根据双方违约行为的程度以及其他具体情况，判断合同解除权的归属，进而判断合同是否应该予以解除。最高人民法院在兰州滩尖子永昶商贸公司等与爱之泰房地产公司合作开发房地产合同纠纷一案中，认为在双方均存在违约的情况下，应根据合同义务分配情况、合同履行程度以及各方违约程度大小等综合因素，判断合同当事人是否享有解除权。① 如果另一方当事人解除合同将导致合同双方利益的显著失衡，且合同继续履行并不影响各方要求对方承担违约

① 参见最高人民法院（2012）民一终字第126号民事判决，载《最高人民法院公报》2015年第5期（总第223期）。

责任的权利的，则不宜认定其享有合同解除权。

二、一方当事人违约之后如何确定损失范围

根据民法典第五百八十四条的规定，因一方违约所造成的损失，包括实际损失、可得利益损失，总体损失应按照可预见性规则进行判断。此外，根据民法典第五百九十一条、第五百九十二条的规定，就如何确定当事人的违约损失确立了减轻损害规则、与有过失规则。① 同时，《最高人民法院关于审理买卖合同纠纷案件适用法律问题的解释》第二十三条②所确立的损益相抵规则也应纳入其中。结合上述规定，在一方当事人违约或者双方均存在一定程度违约行为情况下，总体上要按照可预见性规则要求，妥善适用减轻损害规则、与有过失规则以及损益相抵规则。

（一）违约损害赔偿是依据完全赔偿原则还是定限赔偿原则

根据民法典第五百八十四条的规定，违约损害赔偿责任的具体范围不仅包括违约方造成的实际损失，还应包括守约方履行合同后可以获得的利益。这是一条基本的原则性的规定，“民事责任之特性在于尽可能精确地回复因损害之发生所破坏之均衡状态，并使得被害人处于假若责任原因事实未发生时其可能所处之状态”③，称为完全赔偿原则。同时，该条后半段“但书”规定，“不得超过违约一方订立合同时预见到或者应当预见到的因违约可能造成的损失”。结合前述的违约损害赔偿减轻

---

① 民法典第五百九十一条规定：“当事人一方违约后，对方应当采取适当措施防止损失的扩大；没有采取适当措施致使损失扩大的，不得就扩大的损失请求赔偿。当事人因防止损失扩大而支出的合理费用，由违约方负担。”第五百九十二条规定：“当事人都违反合同的，应当各自承担相应的责任。当事人一方违约造成对方损失的，对方对损失的发生有过错的，可以减少相应的损失赔偿额。”

② 《最高人民法院关于审理买卖合同纠纷案件适用法律问题的解释》第二十三条规定：“买卖合同当事人一方因对方违约而获有利益，违约方主张从损失赔偿额中扣除该部分利益的，人民法院应予支持。”

③ 陈忠五：《法国侵权责任法上损害之概念》，载中国台湾地区《台大法学论丛》2001年第4期。

损害规则、与有过失规则以及损益相抵规则，可以判断民法典合同编在损害赔偿制度上采用的是可预见性的定限赔偿原则。违约可发生于无限多样的情形中，没有哪个成文立法可以为所有的可能情形确立详尽的损害赔偿计算规则，所有能够做的以及所有需要做的，便是表述规制违约赔偿的基本原理。① 民法典施行后，合同法即废止，民法典合同编即承担了合同法总则的功能。因此，上述规定即是我国合同总则现行的关于违约赔偿的基本规定。可预见规则对于违约损害赔偿案件具有普遍适用性，称为基本的限定规则；减轻损害规则、与有过失规则、损益相抵规则在个别的违约损害赔偿案件中会被用来确定具体的赔偿范围，并非在每个违约损害赔偿案件中都会出现，称为其他的限定规则或者特别的限定规则。我国法上关于违约损害赔偿范围的构成，如图 1 所示。②

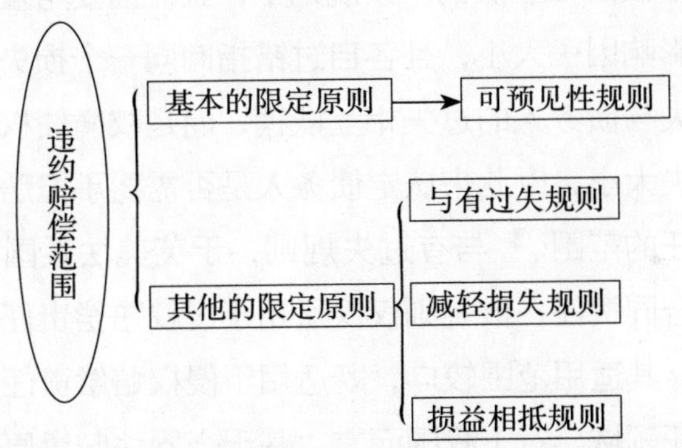

图 1　关于违约损害赔偿范围的构成

本案中，乙公司同甲公司订立合同时，其所能够预见到的最大的损失即为其为履约所有的投入损失，包括购买设备、建设厂房以及为履约支出的相应成本。因此，二审法院确认守约方乙公司因甲公司违约行为

① 转引自韩世远：《合同法总论》，法律出版社 2018 年版，第 797 页。

② 韩世远：《合同法总论》，法律出版社 2018 年版，第 792～795 页。

应获得的赔偿包括乙公司为本案项目投入及投入资金的占用损失。

（二）可预见规则之下与有过失规则、减轻损害规则、损益相抵规则的运用

本案中，乙公司的履约过程难说完美，在履约过程中存在供货不及时、质量不合格的行为，虽然未构成根本违约，但是对于甲公司最终赔偿金额的计算存在影响。在具体损失的确认上，即应综合运用与有过失规则、减轻损害规则、损益相抵规则等。

1. 与有过失规则适用

与有过失，即过失相抵，“损害的发生被害人与有过失者，损害赔偿的义务与赔偿的范围，视当时的情况特别是损害的原因主要在何方而决定之”[①]。在计算具体损失时，虽然需要抵销债务人自身过错，但是并不属于两个债权的相互抵销。该规则中，我们需要考量当事人各自过错对于损失的影响因子大小，且各自过错指向同一个损失。过失相抵不是债权人的过失与债务人的过失相互抵销，而是权衡债权人的过失大小与债务人的过失大小，以此来认定债务人是否需要承担赔偿责任以及需要承担赔偿责任的范围。[②] 与有过失规则，于英美法系国家而言，因其奉行无过错的合同责任，该规则仅仅适用于侵权赔偿责任领域；于大陆法系国家而言，其适用范围较广，既适用于侵权赔偿责任领域，也适用于违约赔偿责任领域。对于我国而言，基于合同法归责原则的双轨制以及侵权责任法上过错责任原则的广泛适用，在违约责任上适用与有过失规则，并不存在认识上的障碍，在民法典颁布之前，与有过失规则的适用在司法实践之中并不少见。因此，民法典第五百九十二条第二款就直接规定了与有过失规则。与有过失规则的适用条件有两个：守约方、赔偿权利人自身对于损失存在过错；该过错同损失的造成之间存在一定的

① 《德国民法典》第254条第1款。

② 曾隆兴：《详解损害赔偿法》，中国政法大学出版社2004年版，第413页。

因果关系。

值得注意的是，合同法第一百二十条规定的“当事人双方都违反合同的，应当各自承担相应的责任”，实践之中常适用于“双方均有违约行为”之场合，学者亦称之为双方违约。民法典已经将该条同原与有过失合并为第五百九十二条。笔者对此完全赞同。因为，适用与有过失规则确定损失的情景，大多数可以适用双方违约之规定，以便各自承担相应的责任。在与有过失情况下，债权人自身过失同债务人违约行为共同造成损失，而双方违约情况下则双方各自行为造成损失。但是该种区分在实践之中的意义并不大，无论是何种损失，最终都将会体现为一定数额的货币；且从客观上而言，各自违约行为最终都会导致双方的损失。学者亦承认，与有过失与双方违约二者在个别场合有可能重合。与有过失规则的适用，必然就意味着双方已经就违约以及损失存在过错，正是双方违约的范畴；双方违约的认定，意味着有必要进一步适用与有过失规则确定双方各自过错大小。因此，在具体适用与有过失规则时，先考察双方是否均存在违约行为，防止遗漏一方过错的履约行为，进而适用与有过失规则，综合考虑相关程序，计算赔偿金额。

2. 减轻损害规则的适用

对于减轻损害规则而言，当事人一方违反合同的，另一方不能无动于衷，任凭损失的扩大，而应当采取积极措施，减少损失，没有及时采取措施致使损失扩大的，无权就扩大的损失请求赔偿。[①] 有观点认为，在违约方已经违约的情况下，对方如果放任损害的扩大，本质上属于一种过错行为，减轻损害规则实际上是与有过失规则的一种特别适用。但是，对于可避免之损失在我国法上固然可以看作赔偿权利人的过失，从这个意义上也可以将减轻损害规则看作一种过失相抵，但减轻损害规则

① 胡康生主编：《中华人民共和国合同法释义》，法律出版社2013年版，第212页。

与过失相抵针对可避免之损失而言，其效果是存在差异的，两个规则发挥作用的内在机理也是不同的；减轻损害规则运作逻辑是“要么全有，要么全无”（all or nothing），而现代的过失相抵规则的运作逻辑则是按过错程度及原因力确定责任的大小范围并在当事人之间进行分摊。①

在适用减轻损害规则过程中，需要注意在预期违约情况下，合同约定的履行期限未到，减轻损害规则同继续履行请求权之间的协调问题。在一方构成预期违约情况下，另一方此时可享有解除合同请求权以及继续履行合同请求权，此时权利行使的时间决定了损失的范围以及大小。因此，该两种权利并非能够“无所限制”地行使，本身存在一定的限制。笔者认为，应从两个方面进行限制：一是从时间上对债权人选择等待继续履行合同进行限制，如果债权人该种选择超过了正常、合理的时间，债权人对因此发生的损失无请求权；二是对债权人拒不接受预期违约并继续履行自己义务的行为施加限制。预期违约制度的目的在于赋予守约方合同解除权以便及时解除合同，节省社会经济成本，促进经济发展。享有合同解除权的债权人不能忽略或者滥用解除权，减轻损害规则即是对该种情形的限制。只有特别情况下，债权人能够单靠自身来履行合同而无须对方的合作以及债权人对继续履行合同有合法的利益时，债权人才能要求继续履行合同。② 本案中，乙公司在甲公司构成预期违约情况下，采取了将生产出的石灰石向其他主体销售、修建新的石灰生产线等措施，通过对减轻损害规则的积极运用，减少了自身的利益损失。

3. 损益相抵规则的适用

损益相抵规则，也称损益同销，是指赔偿请求权人因同一赔偿原因

---

① 韩世远：《减轻损害规则论》，载《法学研究》1997年第1期。

② 杨心武：《合同法对减轻损害规则与继续履行选择的应然态度》，载最高人民法院审判监督庭编：《审判监督指导》2010年第1辑（总第31辑），人民法院出版社2010年版，第223～225页。

事实的发生而获得利益时，赔偿义务人有权要求将该利益加以扣除，从而确定损害赔偿之范围的制度。[①] 合同违约损害赔偿奉行的原则是补偿原则，守约方不能因另一方的违约行为而获取额外利益，基于违约行为获取的相关利益，应同违约损失相抵销，以实现公平合理。该规则是确定受害人因对方违约而遭受的“净损失”的规则，是计算受害人所受真实损失的规则，而不是减轻违约方本应承担的责任的规则。[②] 损益相抵要件包括：损害赔偿之债的成立、受害者受有利益以及损害事实与利益之间存在因果关系。[③] 值得注意的是，除了《最高人民法院关于审理买卖合同纠纷案件适用法律问题的解释》中规定了损益相抵的原则之外，其他法律条文并未体现该规则。实际上，“损益相抵应依因果关系及法律评价加以认定，不能采取‘原则—例外’的思考方法，即不能认定原则上应予相抵（或不相抵），而于例外情形得不予相抵（或应予相抵）”。[④] 质言之，在某些条件下，某些利益并不适宜抵销。因此，笔者并不认为现行法律上对损益相抵规则的“忽略”是一种“漏洞”，法官在具体的案件中，除参考损益相抵的三个构成要件之外，需要综合考虑社会公平价值、立法背景、公共利益需求判断某些利益是否需要相抵。

法律法规链接

1. **《中华人民共和国民法典》**（2020 年 5 月 28 日）

第五百六十三条　有下列情形之一的，当事人可以解除合同：

（一）因不可抗力致使不能实现合同目的；

---

① 程啸：《损益相抵适用的类型化研究》，载《环球法律评论》2017 年第 5 期。

② 最高人民法院民事审判第二庭编著：《最高人民法院关于买卖合同司法解释理解与适用》，人民法院出版社 2012 年版，第 474 页。

③ 韩世远：《合同法总论》，法律出版社 2018 年版，第 814 页。

④ 王泽鉴：《损害赔偿》，北京大学出版社 2017 年版，第 281 页。

（二）在履行期限届满前，当事人一方明确表示或者以自己的行为表明不履行主要债务；

（三）当事人一方迟延履行主要债务，经催告后在合理期限内仍未履行；

（四）当事人一方迟延履行债务或者有其他违约行为致使不能实现合同目的；

（五）法律规定的其他情形。

以持续履行的债务为内容的不定期合同，当事人可以随时解除合同，但是应当在合理期限之前通知对方。

第五百八十条 当事人一方不履行非金钱债务或者履行非金钱债务不符合约定的，对方可以请求履行，但是有下列情形之一的除外：

（一）法律上或者事实上不能履行；

（二）债务的标的不适于强制履行或者履行费用过高；

（三）债权人在合理期限内未请求履行。

有前款规定的除外情形之一，致使不能实现合同目的的，人民法院或者仲裁机构可以根据当事人的请求终止合同权利义务关系，但是不影响违约责任的承担。

第五百九十一条 当事人一方违约后，对方应当采取适当措施防止损失的扩大；没有采取适当措施致使损失扩大的，不得就扩大的损失请求赔偿。

当事人因防止损失扩大而支出的合理费用，由违约方负担。

第五百九十二条 当事人都违反合同的，应当各自承担相应的责任。

当事人一方违约造成对方损失的，对方对损失的发生有过错的，可以减少相应的损失赔偿额。

2. **《中华人民共和国合同法》**（1999年3月15日，已废止）

第六十八条 应当先履行债务的当事人，有确切证据证明对方有下列情形之一的，可以中止履行：

（一）经营状况严重恶化；

（二）转移财产、抽逃资金，以逃避债务；

（三）丧失商业信誉；

（四）有丧失或者可能丧失履行债务能力的其他情形。

当事人没有确切证据中止履行的，应当承担违约责任。

第六十九条 当事人依照本法第六十八条的规定中止履行的，应当及时通知对方。对方提供适当担保时，应当恢复履行。中止履行后，对方在合理期限内未恢复履行能力并且未提供适当担保的，中止履行的一方可以解除合同。

第九十四条 有下列情形之一的，当事人可以解除合同：

（一）因不可抗力致使不能实现合同目的；

（二）在履行期限届满之前，当事人一方明确表示或者以自己的行为表明不履行主要债务；

（三）当事人一方迟延履行主要债务，经催告后在合理期限内仍未履行；

（四）当事人一方迟延履行债务或者有其他违约行为致使不能实现合同目的；

（五）法律规定的其他情形。

第一百一十条 当事人一方不履行非金钱债务或者履行非金钱债务不符合约定的，对方可以要求履行，但有下列情形之一的除外：

（一）法律上或者事实上不能履行；

（二）债务的标的不适于强制履行或者履行费用过高；

（三）债权人在合理期限内未要求履行。

第一百一十三条 当事人一方不履行合同义务或者履行合同义务不

符合约定，给对方造成损失的，损失赔偿额应当相当于因违约所造成的损失，包括合同履行后可以获得的利益，但不得超过违反合同一方订立合同时预见到或者应当预见到的因违反合同可能造成的损失。

经营者对消费者提供商品或者服务有欺诈行为的，依照《中华人民共和国消费者权益保护法》的规定承担损害赔偿责任。

第一百一十九条 当事人一方违约后，对方应当采取适当措施防止损失的扩大；没有采取适当措施致使损失扩大的，不得就扩大的损失要求赔偿。

当事人因防止损失扩大而支出的合理费用，由违约方承担。

第一百二十条 当事人双方都违反合同的，应当各自承担相应的责任。

3.《最高人民法院关于审理买卖合同纠纷案件适用法律问题的解释》（2020年12月23日修正）

第二十三条 买卖合同当事人一方因对方违约而获有利益，违约方主张从损失赔偿额中扣除该部分利益的，人民法院应予支持。

类案检索报告

一、检索工具：法信平台——案例检索、类案检索

二、关键词：违约方解除合同，审理法院——最高人民法院，检索1件民事案件；双方均存在违约、解除权，审理法院——最高人民法院，检索1件民事案件

三、类案文书

序号	案件名称	案由	案号
1	新宇公司诉冯某梅商铺买卖合同纠纷案	买卖合同纠纷	（2004）宁民四终字第470号

序号	案件名称	案由	案号
2	兰州滩尖子永昶商贸公司等与爱之泰房地产公司合作开发房地产合同纠纷案	合作开发房地产合同纠纷	（2012）民一终字第126号民事判决

（执笔人：李延忱　张东一）

部门规章、规章性文件与解读

专利权质押登记办法

（2021年11月15日国家知识产权局第461号公告发布
自发布之日起施行）

第一条 为了促进专利权运用和资金融通，保障相关权利人合法权益，规范专利权质押登记，根据《中华人民共和国民法典》《中华人民共和国专利法》及有关规定，制定本办法。

第二条 国家知识产权局负责专利权质押登记工作。

第三条 以专利权出质的，出质人与质权人应当订立书面合同。

质押合同可以是单独订立的合同，也可以是主合同中的担保条款。

出质人和质权人应共同向国家知识产权局办理专利权质押登记，专利权质权自国家知识产权局登记时设立。

第四条 以共有的专利权出质的，除全体共有人另有约定的以外，应当取得其他共有人的同意。

第五条 在中国没有经常居所或者营业所的外国人、外国企业或者外国其他组织办理专利权质押登记手续的，应当委托依法设立的专利代理机构办理。

中国单位或者个人办理专利权质押登记手续的，可以委托依法设立的专利代理机构办理。

第六条 当事人可以通过互联网在线提交电子件、邮寄或窗口提交纸件等方式办理专利权质押登记相关手续。

第七条 申请专利权质押登记的，当事人应当向国家知识产权局提交下列文件：

（一）出质人和质权人共同签字或盖章的专利权质押登记申请表；

（二）专利权质押合同；

（三）双方当事人的身份证明，或当事人签署的相关承诺书；

（四）委托代理的，注明委托权限的委托书；

（五）其他需要提供的材料。

专利权经过资产评估的，当事人还应当提交资产评估报告。

除身份证明外，当事人提交的其他各种文件应当使用中文。身份证明是外文的，当事人应当附送中文译文；未附送的，视为未提交。

当事人通过互联网在线办理专利权质押登记手续的，应当对所提交电子件与纸件原件的一致性作出承诺，并于事后补交纸件原件。

第八条 当事人提交的专利权质押合同应当包括以下与质押登记相关的内容：

（一）当事人的姓名或名称、地址；

（二）被担保债权的种类和数额；

（三）债务人履行债务的期限；

（四）专利权项数以及每项专利权的名称、专利号、申请日、授权公告日；

（五）质押担保的范围。

第九条 除本办法第八条规定的事项外，当事人可以在专利权质押合同中约定下列事项：

（一）质押期间专利权年费的缴纳；

（二）质押期间专利权的转让、实施许可；

（三）质押期间专利权被宣告无效或者专利权归属发生变更时的处理；

（四）实现质权时，相关技术资料的交付；

（五）已办理质押登记的同一申请人的实用新型有同样的发明创造于同日申请发明专利、质押期间该发明申请被授予专利权的情形处理。

第十条 国家知识产权局收到当事人提交的质押登记申请文件，应当予以受理，并自收到之日起 5 个工作日内进行审查，决定是否予以登记。

通过互联网在线方式提交的，国家知识产权局在 2 个工作日内进行审查并决定是否予以登记。

第十一条 专利权质押登记申请经审查合格的，国家知识产权局在专利登记簿上予以登记，并向当事人发送《专利权质押登记通知书》。经审查发现有下列情形之一的，国家知识产权局作出不予登记的决定，并向当事人发送《专利权质押不予登记通知书》：

（一）出质人不是当事人申请质押登记时专利登记簿记载的专利权人的；

（二）专利权已终止或者已被宣告无效的；

（三）专利申请尚未被授予专利权的；

（四）专利权没有按照规定缴纳年费的；

（五）因专利权的归属发生纠纷已请求国家知识产权局中止有关程序，或者人民法院裁定对专利权采取保全措施，专利权的质押手续被暂停办理的；

（六）债务人履行债务的期限超过专利权有效期的；

（七）质押合同不符合本办法第八条规定的；

（八）以共有专利权出质但未取得全体共有人同意且无特别约

定的；

（九）专利权已被申请质押登记且处于质押期间的；

（十）请求办理质押登记的同一申请人的实用新型有同样的发明创造已于同日申请发明专利的，但当事人被告知该情况后仍声明同意继续办理专利权质押登记的除外；

（十一）专利权已被启动无效宣告程序的，但当事人被告知该情况后仍声明同意继续办理专利权质押登记的除外；

（十二）其他不符合出质条件的情形。

第十二条 专利权质押期间，国家知识产权局发现质押登记存在本办法第十一条所列情形并且尚未消除的，或者发现其他应当撤销专利权质押登记的情形的，应当撤销专利权质押登记，并向当事人发出《专利权质押登记撤销通知书》。

专利权质押登记被撤销的，质押登记的效力自始无效。

第十三条 专利权质押期间，当事人的姓名或者名称、地址更改的，应当持专利权质押登记变更申请表、变更证明或当事人签署的相关承诺书，向国家知识产权局办理专利权质押登记变更手续。

专利权质押期间，被担保的主债权种类及数额或者质押担保的范围发生变更的，当事人应当自变更之日起30日内持专利权质押登记变更申请表以及变更协议，向国家知识产权局办理专利权质押登记变更手续。

国家知识产权局收到变更登记申请后，经审核，向当事人发出《专利权质押登记变更通知书》，审核期限按照本办法第十条办理登记手续的期限执行。

第十四条 有下列情形之一的，当事人应当持专利权质押登记注销申请表、注销证明或当事人签署的相关承诺书，向国家知识产权局办理质押登记注销手续：

（一）债务人按期履行债务或者出质人提前清偿所担保的债务的；

（二）质权已经实现的；

（三）质权人放弃质权的；

（四）因主合同无效、被撤销致使质押合同无效、被撤销的；

（五）法律规定质权消灭的其他情形。

国家知识产权局收到注销登记申请后，经审核，向当事人发出《专利权质押登记注销通知书》，审核期限按照本办法第十条办理登记手续的期限执行。专利权质押登记的效力自注销之日起终止。

第十五条 专利登记簿记录专利权质押登记的以下事项，并在定期出版的专利公报上予以公告：出质人、质权人、主分类号、专利号、授权公告日、质押登记日、变更项目、注销日等。

第十六条 出质人和质权人以合理理由提出请求的，可以查阅或复制专利权质押登记手续办理相关文件。

专利权人以他人未经本人同意而办理专利权质押登记手续为由提出查询和复制请求的，可以查阅或复制办理专利权质押登记手续过程中提交的申请表、含有出质人签字或盖章的文件。

第十七条 专利权质押期间，出质人未提交质权人同意其放弃该专利权的证明材料的，国家知识产权局不予办理专利权放弃手续。

第十八条 专利权质押期间，出质人未提交质权人同意转让或者许可实施该专利权的证明材料的，国家知识产权局不予办理专利权转让登记手续或者专利实施许可合同备案手续。

出质人转让或者许可他人实施出质的专利权的，出质人所得的转让费、许可费应当向质权人提前清偿债务或者提存。

第十九条 专利权质押期间，出现以下情形的，国家知识产权局应当及时通知质权人：

（一）被宣告无效或者终止的；

（二）专利年费未按照规定时间缴纳的；

（三）因专利权的归属发生纠纷已请求国家知识产权局中止有关程序，或者人民法院裁定对专利权采取保全措施的。

第二十条 当事人选择以承诺方式办理专利权质押登记相关手续的，国家知识产权局必要时对当事人的承诺内容是否属实进行抽查，发现承诺内容与实际情况不符的，应当向当事人发出通知，要求限期整改。逾期拒不整改或者整改后仍不符合条件的，国家知识产权局按照相关规定采取相应的失信惩戒措施。

第二十一条 本办法由国家知识产权局负责解释。

第二十二条 本办法自发布之日起施行。

解读——
《专利权质押登记办法》

国家知识产权局相关部门

为深入贯彻落实党中央、国务院关于“放管服”改革、优化营商环境的部署要求，提供更加规范、便利、高效的专利质押登记服务，更大程度方便企业和群众办事，推动知识产权转化实施，国家知识产权局于2021年11月15日公告了修改后的《专利权质押登记办法》（以下简称《办法》）。现解读如下。

一、修改背景

2010年，国家知识产权局制定发布了《专利权质押登记办法》（国家知识产权局令第56号，以下简称原《办法》）。原《办法》的实施，对规范专利权质押登记、促进专利权的运用和资金融通发挥了积极作用。近年来，专利质押融资已经成为盘活企业无形资产、破解中小微企业融资难的重要举措，有效支持了一批创新型企业发展。

当前，专利质押登记工作面临新形势、新要求。一是中央有明确部署和要求。2021年4月，国务院常务会议要求“推进专利优先审查和质押登记电子申请全程网办”“在商标和专利质押登记……等审批中推行告知承诺制”；10月国务院印发的《“十四五”国家知识产权保护和运用规划》提出“完善知识产权质押登记和转让许可备案管理制度”。二是近年来金融机构和创新主体对专利质押登记进一步简化程序、优化服务提出了新的需求。三是《注册商标专用权质押登记程序规定》已于2020年5月1日起施行，需统筹考虑有关规定的衔接。

国家知识产权局在深入调研企业、金融机构需求，并公开征求社会意见的基础上，形成了《办法》，作为国家知识产权局规范性文件公告发布。原《办法》将按部门规章废止程序适时废止。

二、修改思路

本次修改旨在深化知识产权领域“放管服”改革，为国家知识产权局开展更加规范、便利、高效的专利质押登记服务提供坚实的制度保障，推动专利质押融资，充分实现知识产权价值。具体来说，一是在“放”上着力，发挥市场在配置资源中的决定性作用，放宽质押登记的办理条件，在告知风险的前提下，尊重当事人办理登记的意愿和权利；二是在“管”上加强，在允许当事人选择以承诺方式办理专利权质押登记相关手续的同时，明确国家知识产权局加强事中事后监管措施；三是在“服”上优化，进一步明确压缩国家知识产权局办理登记的审查时限，为当事人提供登记材料查阅复制、专利权状态预警信息及时告知等更多便利服务。

三、主要修改内容

《办法》相对于原《办法》，对第六条、第七条、第十条、第十一条、第十三条、第十四条、第十六条、第十九条、第二十条等条款有较为重要的实质性修改，其他有关条款由于调整顺序、精简内容、规范表述等原因，进行了文字修改。主要条款修改内容如下。

（一）推行以承诺方式办理质押登记手续。明确当事人可以选择以承诺方式办理专利权质押登记相关手续，当事人提交相关承诺书的，无须提交身份证明、变更证明、注销证明等证明材料；国家知识产权局将加强事中事后监管，对于虚假承诺的，将按照相关规定采取相应的失信惩戒措施。（第七条、第十三条、第十四条、第二十条）

（二）减少不予办理登记的情形。一是对于原《办法》中专利权已被启动无效宣告程序的情形不予登记的规定，改为当事人被告知后仍声明愿意接受风险、继续办理的情况下，允许办理登记；二是根据民法典最新规定，对于质押合同约定在债务履行期届满质权人未受清偿时、专利权归质权人所有的情形，允许办理登记；三是吸收实务中的成熟做法，对于请求办理质押登记的实用新型有同样的发明创造已于同日申请发明专利的，当事人被告知后仍声明愿意接受风险、继续办理的情况下，允许办理登记。（第十一条）

（三）压缩登记审查期限。一是压缩审查期限，国家知识产权局办理专利权质押登记手续的审查期限由原规定的7个工作日缩减至5个工作日，网上申请审查期限进一步缩减至2个工作日（第十条）；二是明确了办理专利权质押登记变更手续和注销手续相应的审查期限，按照第十条规定的办理登记手续的期限执行（第十三条、第十四条）。

（四）优化登记相关服务。一是拓展登记办理渠道，明确当事人可以互联网在线方式办理，为申请人提供便利（第六条）；二是明确规定专利权质押登记材料的查阅或复制程序及要求，方便当事人查询质押登记相关文件（第十六条）；三是对于专利权质押期间，国家知识产权局应该及时通知质权人的情形，新增专利权属发生纠纷或被采取保全措施的情况，以便将专利权可能丧失的预警信息及时告知质权人（第十九条）。

（来源：国家知识产权局网站）

市场监管总局
关于印发《企业境外反垄断合规指引》的通知

2021年11月15日　　国市监反垄发〔2021〕72号

各省、自治区、直辖市和新疆生产建设兵团市场监管局（厅、委）：

为了鼓励企业培育公平竞争的合规文化，引导企业建立和加强境外反垄断合规管理制度，增强企业境外经营反垄断合规管理意识，提升境外经营反垄断合规管理水平，防范境外反垄断法律风险，保障企业持续健康发展，市场监管总局制定了《企业境外反垄断合规指引》，现予以发布。

企业境外反垄断合规指引

第一章 总 则

第一条 目的和依据

为了鼓励企业培育公平竞争的合规文化，引导企业建立和加强境外反垄断合规管理制度，增强企业境外经营反垄断合规管理意识，提升境外经营反垄断合规管理水平，防范境外反垄断法律风险，保障企业持续健康发展，根据工作实际，制定本指引。

第二条 反垄断合规的重要意义

反垄断法是市场经济国家调控经济的重要政策工具，制定并实施反垄断法是世界上大多数国家或者地区（以下称司法辖区）保护市场公平竞争、维护市场竞争秩序的普遍做法。不同司法辖区对反垄断法的表述有所不同，例如“反垄断法”、“竞争法”、“反托拉斯法”、“公平交易法”等，本指引以下统称反垄断法。

企业境外经营应当坚持诚信守法、公平竞争。企业违反反垄断法可能面临高额罚款、罚金、损害赔偿诉讼和其他法律责任，企业相关负责人也可能面临罚款、罚金甚至刑事责任等严重后果。加强境外反垄断合规建设，可以帮助企业识别、评估和管控各类反垄断法律风险。

第三条 适用范围

本指引适用于在境外从事经营业务的中国企业以及在境内从事经营业务但可能对境外市场产生影响的中国企业，包括从事进出口贸易、境外投资、并购、知识产权转让或者许可、招投标等涉及境外的经营活动。

多数司法辖区反垄断法规定域外管辖制度，对在本司法辖区以外发生但对本司法辖区内市场产生排除、限制竞争影响的垄断行为，同样适用其反垄断法。

第二章　境外反垄断合规管理制度

第四条　建立境外反垄断合规管理制度

企业可以根据业务规模、业务涉及的主要司法辖区、所处行业特性及市场状况、业务经营面临的法律风险等制定境外反垄断合规制度，或者将境外反垄断合规要求嵌入现有整体合规制度中。

部分司法辖区对企业建立健全反垄断合规体系提出了具体指引，企业可以以此为基础制定相应的反垄断合规制度。企业建立并有效实施良好的合规制度在部分司法辖区可以作为减轻反垄断处罚责任的依据。

第五条　境外反垄断合规管理机构

鼓励企业尤其是大型企业设置境外反垄断合规管理部门或者岗位，或者依托现有合规管理制度开展境外反垄断合规管理专项工作。

反垄断合规管理部门和合规管理人员可以按照国务院反垄断委员会发布的《经营者反垄断合规指南》履行相应职责。

企业可以对境外反垄断合规管理制度进行定期评估，该评估可以由反垄断合规管理部门实施或者委托外部专业机构协助实施。

第六条　境外反垄断合规管理职责

境外反垄断合规管理职责主要包括以下方面：

（一）持续关注企业业务所涉司法辖区反垄断立法、执法及司法的发展动态，及时为决策层、高级管理层和业务部门提供反垄断合规建议；

（二）根据所涉司法辖区要求，制定并更新企业反垄断合规政策，明确企业内部反垄断合规要求和流程，督促各部门贯彻落实，确保合规要求融入各项业务领域；

（三）审核、评估企业竞争行为和业务经营的合规性，及时制止、纠正不合规的经营行为，并制定针对潜在不合规行为的应对措施；

（四）组织或者协助业务、人事等部门开展境外反垄断合规培训，并向业务部门和员工提供境外反垄断合规咨询；

（五）建立境外反垄断合规报告制度，组织开展企业内部反垄断合规检查，对发现的合规风险向管理层提出处理建议；

（六）妥善应对反垄断合规风险事件，就潜在或者已发生的反垄断调查或者诉讼，组织制定应对和整改措施；

（七）其他与企业境外反垄断合规有关的工作。

第七条　境外反垄断合规承诺机制

鼓励企业建立境外反垄断合规承诺机制。企业决策人员、在境外从事经营的高级管理人员和业务人员等可以作出反垄断合规承诺。

建立反垄断合规承诺机制，可以提高相关人员对反垄断法律风险的认识和重视程度，确保其对企业履行合规承诺负责。通常情况下，企业决策人员和相关高级管理人员对反垄断合规的承诺和参与是提升合规制度有效性的关键。

第三章　境外反垄断合规风险重点

第八条　反垄断涉及的主要行为

各司法辖区反垄断法调整的行为类型类似，主要规制垄断协议、滥用市场支配地位和具有或者可能具有排除、限制竞争影响的经营者集中。各司法辖区对于相关行为的定义、具体类型和评估方法不尽相同，本章对此作简要阐释，具体合规要求应以各司法辖区反垄断法相关规定为准。

同时，企业应当根据相关司法辖区的情况，关注本章可能未涉及的特殊规制情形，例如有的司法辖区规定禁止滥用相对优势地位、禁止在竞争者中兼任董事等安排，规制行政性垄断行为等。

第九条　垄断协议

垄断协议一般是指企业间订立的排除、限制竞争的协议或者采取的协同行为，也被称为“卡特尔”、“限制竞争协议”、“不正当交易限制”等，主要包括固定价格、限制产量或分割市场、联合抵制交易等横向垄断协议以及转售价格维持、限定销售区域和客户或者排他性安排等纵向垄断协议。部分司法辖区反垄断法也禁止交换价格、成本、市场计划等竞争性敏感信息，某些情况下被动接收竞争性敏感信息不能成为免于处罚的理由。横向垄断协议，尤其是与价格相关的横向垄断协议，通常被视为非常严重的限制竞争行为，各司法辖区均对此严格规制。多数司法辖区也对纵向垄断协议予以规制，例如转售价格维持（RPM）可能具有较大的违法风险。

垄断协议的形式并不限于企业之间签署的书面协议，还包括口头协议、协同行为等行为。垄断协议的评估因素较为复杂，企业可以根据各司法辖区的具体规定、指南、司法判例及执法实践进行评估和判断。比如，有的司法辖区对垄断协议的评估可能适用本身违法或者合理原则，有的司法辖区可能会考虑其是否构成目的违法或者需要进行效果分析。适用本身违法或者目的违法的行为通常推定为本质上存在损害、限制竞争性质，而适用合理原则与效果分析时，会对相关行为促进和损害竞争效果进行综合分析。部分司法辖区对垄断协议行为设有行业豁免、集体豁免以及安全港制度，企业在分析和评估时可以参照有关规定。

此外，大多数司法辖区均规定协会不得组织企业从事垄断协议行为，企业也不会因协会组织的垄断协议而免于处罚。

第十条　滥用市场支配地位

市场支配地位一般是指企业能够控制某个相关市场，而在该市场内不再受到有效竞争约束的地位。一般来说，判断是否具有市场支配地位需要综合考虑业务规模、市场份额和其他相关因素，比如来自竞争者的竞争约束、客户的谈判能力、市场进入壁垒等。通常情况下，除非有相反证据，较低的市场份额不会被认定为具有市场支配地位。

企业具有市场支配地位本身并不违法，只有滥用市场支配地位才构成违法。滥用市场支配地位是指具有市场支配地位的企业没有正当理由，凭借该地位实施排除、限制竞争的行为，一般包括销售或采购活动中的不公平高价或者低价、低于成本价销售、附加不合理或者不公平的交易条款和条件、独家或者限定交易、拒绝交易、搭售、歧视性待遇等行为。企业在判断是否存在滥用市场支配地位时，可以根据有关司法辖区的规定，提出可能存在的正当理由及相关证据。

第十一条　经营者集中

经营者集中一般是指企业合并、收购、合营等行为，有的司法辖区称之为并购控制。经营者集中本身并不违法，但对于具有或可能具有排除、限制竞争效果的，可能被禁止或者附加限制性条件批准。

不同司法辖区判断是否构成集中、是否应当申报的标准不同。有的司法辖区主要考察经营者控制权的持久变动，通过交易取得对其他经营者的单独或者共同控制即构成集中，同时依据营业额设定申报标准；有的司法辖区设置交易规模、交易方资产额、营业额等多元指标判断是否达到申报标准；有的司法辖区考察集中是否会或者可能会对本辖区产生实质性限制竞争效果，主要以市场份额作为是否申报或者鼓励申报的初步判断标准。此外，设立合营企业是否构成经营者集中在不同司法辖区的标准也存在差异，需要根据相关规定具体分析。

多数司法辖区要求符合规定标准的集中必须在实施前向反垄断执法

机构申报，否则不得实施；有的司法辖区根据集中类型、企业规模和交易规模确定了不同的申报时点；有的司法辖区采取自愿申报制度；有的司法辖区要求企业不晚于集中实施后的一定期限内申报；有的司法辖区可以在一定情况下调查未达到申报标准的交易。对于采取强制事前申报的司法辖区，未依法申报或者未经批准实施的经营者集中，通常构成违法行为并可能产生严重的法律后果，比如罚款、暂停交易、恢复原状等；采取自愿申报或者事后申报的司法辖区，比如交易对竞争产生不利影响，反垄断执法机构可以要求企业暂停交易、恢复原状、附加限制性条件等。

第十二条　境外反垄断调查方式

多数司法辖区反垄断执法机构都拥有强力而广泛的调查权。一般来说，反垄断执法机构可根据举报、投诉、违法公司的宽大申请或者依职权开展调查。

调查手段包括收集有关信息、复制文件资料、询问当事人及其他关系人（比如竞争对手和客户）、现场调查、采取强制措施等。部分司法辖区还可以开展“黎明突袭”，即在不事先通知企业的情况下，突然对与实施涉嫌垄断行为相关或者与调查相关的必要场所进行现场搜查。在黎明突袭期间，企业不得拒绝持有搜查证、搜查授权或者决定的调查人员进入。调查人员可以检查搜查证、搜查授权或者决定范围内的一切物品，可以查阅、复制文件，根据检查需要可以暂时查封有关场所，询问员工等。此外，在有的司法辖区，反垄断执法机构可以与边境管理部门合作，扣留和调查入境的被调查企业员工。

第十三条　配合境外反垄断调查

各司法辖区对于配合反垄断调查和诉讼以及证据保存均有相关规定，一般要求相关方不得拒绝提供有关材料或信息，提供虚假或者误导性信息、隐匿或者销毁证据，开展其他阻挠调查和诉讼程序并带来不利后果的行为，对于不配合调查的行为规定了相应的法律责任。有的司法辖区规定，提供错误或者误导性信息等情形可面临最高为集团上一财年全球总营业额1%的罚款，还可以要求每日缴纳最高为集团上一财年全球日均营业额5%的滞纳金；如果最终判定存在违法行为，则拒绝合作可能成为加重罚款的因素。有的司法辖区规定，拒绝配合调查可能被判藐视法庭或者妨碍司法公正，并处以罚金，情节严重的甚至可能被判处刑事责任，比如通过向调查人员提供重大不实陈述的方式故意阻碍调查等情形。通常情况下，企业对反垄断调查的配合程度是执法机构作出处罚以及宽大处理决定时的重要考量因素之一。

企业可以根据需要，由法务部门、外部律师、信息技术部门事先制定应对现场检查的方案和配合调查的计划。在面临反垄断调查和诉讼时，企业可以制定员工出行指南，确保员工在出行期间发生海关盘问、搜查等突发情况时能够遵守企业合规政策，同时保护其合法权利。

第十四条　企业在境外反垄断调查中的权利

多数司法辖区对反垄断执法机构开展调查的程序等作出明确要求，以保障被调查企业的合法权利。反垄断执法机构开展调查时应当遵循法定程序并出具相关证明文件，比如执法机构的身份证明或者法院批准的搜查令等。被调查的企业依法享有陈述、说明和申辩的权利，反垄断执法机构对调查过程中获取的信息应当依法予以保密。

在境外反垄断调查中，企业可以依照相关司法辖区的规定维护自身合法权益，比如就有关事项进行陈述和申辩，要求调查人员出示证件，向执法机构询问企业享有的合法权利，在保密的基础上查阅执法机构的部分调查文件；聘请律师到场，在有的司法辖区，被调查对象有权在律师到达前保持缄默。部分司法辖区对受律师客户特权保护的文件有除外规定，企业在提交文件时可以对相关文件主张律师客户特权，防止执法人员拿走他们无权调阅的特权资料。有的司法辖区规定，应当听取被调查企业或行业协会的意见，并使其享有就异议事项提出答辩的机会。无论是法律或者事实情况，如果被调查对象没有机会表达自己的观点，就不能作为案件裁决的依据。

第十五条　境外反垄断诉讼

企业在境外也可能面临反垄断诉讼。反垄断诉讼既可以由执法机构提起，也可以由民事主体提起。比如，在有的司法辖区，执法机构可以向法院提起刑事诉讼和民事诉讼；直接购买者、间接购买者也可以向法院提起诉讼，这些诉讼也有可能以集团诉讼的方式提起。在有的司法辖区，反垄断诉讼包括对反垄断执法机构决定的上诉，以及受损害主体提起的损害赔偿诉讼、停止垄断行为的禁令申请或者以合同包含违反竞争法律的限制性条款为由对该合同提起的合同无效之诉。

不同司法辖区的反垄断诉讼涉及程序复杂、耗时较长；有的司法辖区可能涉及范围极为宽泛的证据开示。企业在境外反垄断诉讼中一旦败诉，将面临巨额罚款或者赔偿、责令改变商业模式甚至承担刑事责任等严重不利后果。

第十六条　应对境外反垄断风险

企业可以建立对境外反垄断法律风险的应对和损害减轻机制。当发生重大境外反垄断法律风险时，可以立刻通知法务人员、反垄断合规管理人员、相关业务部门负责人开展内部联合调查，发现并及时终止不合规行为，制定内部应对流程以及诉讼或者辩护方案。

部分司法辖区设有豁免申请制度，在符合一定条件的情况下，企业可以针对可能存在损害竞争效果但也有一定效率提升、消费者福利提升或公平利益提升的相关行为，向反垄断执法机构事前提出豁免申请。获得批准后，企业从事相关行为将不会被反垄断执法机构调查或者被认定为违法。企业可以根据所在司法辖区的实际情况评估如何运用该豁免申请，提前防范反垄断法律风险。

企业可以聘请外部律师、法律或者经济学专家、其他专业机构协助企业应对反垄断法律风险，争取内部调查的结果在可适用的情况下可以受到律师客户特权的保护。

第十七条　可能适用的补救措施

出现境外反垄断法律风险时或者境外反垄断法律风险发生后，企业可以根据相关司法辖区的规定以及实际情况采取相应措施，包括运用相关司法辖区反垄断法中的宽大制度、承诺制度、和解程序等，最大程度降低风险和负面影响。

宽大制度，一般是指反垄断执法机构对于主动报告垄断协议行为并提供重要证据的企业，减轻或者免除处罚的制度。比如，有的司法辖区，宽大制度可能使申请企业减免罚款并豁免刑事责任；有的司法辖区，第一个申请宽大的企业可能被免除全部罚款，后续申请企业可能被免除部分罚款。申请适用宽大制度通常要求企业承认参与相关垄断协议，可能在后续民事诉讼中成为对企业的不利证据，同时要求企业承担更高的配合调查义务。

承诺制度，一般是指企业在反垄断调查过程中，主动承诺停止或者放弃被指控的垄断行为，并采取具体措施消除对竞争的不利影响，反垄断执法机构经评估后作出中止调查、接受承诺的决定。对于企业而言，承诺决定不会认定企业存在违法行为，也不会处以罚款；但企业后续如果未遵守承诺，可能面临重启调查和罚款的不利后果。

和解制度，一般是指企业在反垄断调查过程中与执法机构或者私人原告以和解的方式快速结案。有的司法辖区，涉案企业需主动承认其参与垄断协议的违法行为，以获得最多10%的额外罚款减免。有的司法辖区，和解包括在民事案件中与执法机构或者私人原告达成民事和解协议，或者在刑事案件中与执法机构达成刑事认罪协议。民事和解通常包括有约束力的同意调解书，其中包括纠正被诉损害竞争行为的承诺。执法机构也可能会要求被调查方退还通过损害竞争行为获得的非法所得。同意调解书同时要求企业对遵守承诺情况进行定期报告。不遵守同意调解书，企业可能被处以罚款，并且重新调查。在刑事程序中，企业可以和执法机构达成认罪协议，达到减轻罚款、更快结案的效果；企业可以综合考虑可能的罚款减免、效率、诉讼成本、确定性、胜诉可能性、对后续民事诉讼的影响等因素决定是否达成认罪协议。

第十八条　反垄断法律责任

垄断行为可能导致相关企业和个人被追究行政责任、民事责任和刑事责任。

行政责任主要包括被处以禁止令、罚款、拆分企业等。禁止令通常禁止继续实施垄断行为，也包括要求采取整改措施、定期报告、建立和实施有效的合规制度等。多数司法辖区对垄断行为规定大额罚款，有的司法辖区规定最高可以对企业处以集团上一年度全球总营业额 10% 的罚款。

民事责任主要有确认垄断协议无效和损害赔偿两种。有的司法辖区规定应当充分赔偿因垄断行为造成的损失，包括实际损失和利润损失，加上从损害发生之日起至支付赔偿金期间的利息；有的司法辖区规定企业最高承担三倍损害赔偿责任以及相关诉讼费用。

部分司法辖区还规定刑事责任，垄断行为涉及的高级管理人员、直接责任人等个人可能面临罚金甚至监禁，对公司违法者的罚金高达 1 亿美元，个人刑事罚金高达 100 万美元，最高监禁期为 10 年。如果违法所得或者受害者经济损失超过 1 亿美元，公司的最高罚金可以是违法所得或者经济损失的两倍。

有的司法辖区规定，如果母公司对子公司能够施加“决定性影响”，境外子公司违反反垄断法，母公司可能承担连带责任。同时，计算相关罚款的基础调整为整个集团营业额。

除法律责任外，企业受到反垄断调查或者诉讼还可能产生其他重大不利影响，对企业境外经营活动造成极大风险。反垄断执法机构的调查或者反垄断诉讼可能耗费公司大量的时间，产生高额法律费用，分散对核心业务活动的关注，影响企业正常经营。如果调查或者诉讼产生不利后果，企业财务状况和声誉会受到极大损害。

第四章　境外反垄断合规风险管理

第十九条　境外反垄断风险识别

企业可以根据境外业务规模、所处行业特点、市场情况、相关司法辖区反垄断法律法规以及执法环境等因素识别企业面临的主要反垄断风险。

（一）可能与垄断协议有关的风险。大多数司法辖区禁止企业与其他企业达成和实施垄断协议以及交换竞争性敏感信息。企业在境外开展业务时应当高度关注以下行为可能产生与垄断协议有关的风险：一是与竞争者接触相关的风险。比如，企业员工与竞争者员工之间在行业协会、会议以及其他场合的接触；竞争企业之间频繁的人员流动；通过同一个供应商或者客户交换敏感信息等。二是与竞争者之间合同、股权或其他合作相关的风险。比如，与竞争者达成合伙或者合作协议等可能排除、限制竞争的。三是在日常商业行为中与某些类型的协议或行为相关的风险。比如，与客户或供应商签订包含排他性条款的协议；对客户转售价格的限制等。

（二）可能与滥用市场支配地位有关的风险。企业应当对从事经营活动的市场、主要竞争者和自身市场力量做出评估和判断，并以此为基础评估和规范业务经营活动。当企业在某一市场中具有较高市场份额时，应当注意其市场行为的商业目的是否为限制竞争、行为是否对竞争造成不利影响，避免出现滥用市场支配地位的风险。

（三）可能与经营者集中有关的风险。大多数司法辖区设有集中申报制度，企业在全球范围内开展合并、收购、设立合营企业等交易时，同一项交易（包括在中国境内发生的交易）可能需要在多个司法辖区进行申报。企业在开展相关交易前，应当全面了解各相关司法辖区的申报要求，充分利用境外反垄断执法机构的事前商谈机制，评估申报义务并依法及时申报。企业收购境外目标公司还应当特别注意目标公司是否涉及反垄断法律责任或者正在接受反垄断调查，评估该法律责任在收购后是否可能被附加至母公司或者买方。

第二十条　境外反垄断风险评估

企业可以根据实际情况，建立境外反垄断法律风险评估程序和标准，定期分析和评估境外反垄断法律风险的来源、发生的可能性以及后果的严重性等，明确风险等级，并按照不同风险等级设计和实施相应的风险防控制度。评估可以由企业反垄断合规管理部门组织实施或者委托外部专业机构协助实施。

鼓励企业对以下情形开展专项评估：（一）对业务收购、公司合并、新设合营企业等事项作出投资决策之前；（二）实施重大营销计划、签订重大供销协议之前；（三）受到境外反垄断调查或者诉讼之后。

第二十一条　企业员工风险评级

企业根据员工面临境外反垄断法律风险的不同程度开展风险评级，进行更有效的风险防控。对高级管理人员，业务部门的管理人员，经常与同行竞争者交往的人员，销售、市场及采购部门的人员，知晓企业商业计划、价格等敏感信息的人员，曾在具有竞争关系的企业工作并知晓敏感信息的人员，负责企业并购项目的人员等；企业可以优先进行风险管理，采取措施强化其反垄断合规意识。对其他人员，企业可以根据风险管理的优先级采取反垄断风险管理的适当措施。

第二十二条　境外反垄断合规报告

企业可以建立境外反垄断合规报告机制。反垄断合规管理部门可以定期向企业决策层和高级管理层汇报境外反垄断合规管理情况。当发生重大境外反垄断风险时，反垄断合规管理机构应当及时向企业决策层和高级管理层汇报，组织内部调查，提出风险评估意见和风险应对措施；同时，企业可以通过境外企业和对外投资联络服务平台等渠道向商务部、市场监管总局等政府部门和驻外使领馆报告。

第二十三条　境外反垄断合规咨询

企业可以建立反垄断合规咨询机制。由于境外反垄断合规的高度复杂性，鼓励企业及员工尽早向反垄断合规管理部门咨询经营中遇到境外反垄断合规问题。企业反垄断合规管理部门可根据需要聘请外部律师或专家协助开展合规咨询，也可在相关司法辖区法律法规允许的情况下，在开展相关行为前向有关反垄断执法机构进行合规咨询。

第二十四条　境外反垄断合规审核

企业可以建立境外反垄断合规审核机制。反垄断合规管理部门可以对企业在境外实施的战略性决定、商业合同、交易计划、经销协议模板、销售渠道管理政策等进行反垄断合规审核。反垄断合规管理部门可以根据需要聘请外部律师协助评估反垄断法律风险，提出审核意见。

第二十五条　境外反垄断合规培训

企业可以对境外管理人员和员工进行定期反垄断合规培训。反垄断合规培训可以包括相关司法辖区反垄断法律法规、反垄断法律风险、可能导致反垄断法律风险的行为、日常合规行为准则、反垄断调查和诉讼的配合、反垄断宽大制度、承诺制度、和解制度、企业的反垄断合规政策和体系等相关内容。

企业可以定期审阅、更新反垄断合规培训内容；也可以通过员工行为准则、核查清单、反垄断合规手册等方式向员工提供书面指导。

第二十六条　其他防范反垄断风险的具体措施

除本章第十九条至第二十五条规定之外，企业还可以采取以下措施，防范境外反垄断风险。

（一）在加入行业协会之前，对行业协会目标和运营情况进行尽职调查，特别是会籍条款是否可能用来排除限制竞争，该协会是否有反垄断合规制度等。保存并更新所参加的行业协会活动及相关员工的清单。

（二）在参加行业协会组织的或者有竞争者参加的会议前了解议题，根据需要可以安排反垄断法律顾问出席会议和进行反垄断合规提醒；参加行业协会会议活动时认真审阅会议议程和会议纪要。

（三）在与竞争者进行交流之前应当明确范围，避免讨论竞争敏感性话题；记录与竞争者之间的对话或者其他形式的沟通，及时向上级或者反垄断合规管理部门报告。

（四）对与竞争者共同建立的合营企业和其他类型的合作，可以根据需要设立信息防火墙，避免通过合营企业或者其他类型的合作达成或者实施垄断协议。

（五）如果企业的部分产品或者服务在相关司法辖区可能具有较高的市场份额，可以对定价、营销、采购等部门进行专项培训，对可能存在风险的行为进行事前评估，及时防范潜在风险。

第五章　附　　则

第二十七条　指引的效力

本指引仅对企业境外反垄断合规作出一般性指引，供企业参考。指引中关于境外反垄断法律法规的阐释多为原则性、概括性说明，建议在具体适用时查询相关司法辖区反垄断法律法规的最新版本。企业应当结合各司法辖区关于合规制度以及经营行为是否违反反垄断法等方面的具体要求，有针对性地建设反垄断合规体系和开展合规工作。

本指引未涉及事项，可以参照国务院反垄断委员会发布的《经营者反垄断合规指南》。

地方司法业务文件与解读

重庆市第五中级人民法院

关于印发《破产案件快速审理指引》的通知

（2021年11月15日）

辖区各相关基层人民法院、本院各相关部门：

《重庆市第五中级人民法院破产案件快速审理指引》已于2021年11月4日经本院审判委员会2021年第33次会议讨论通过，现予以印发，请遵照执行。

重庆市第五中级人民法院

破产案件快速审理指引

为推进破产案件快速审理，提高破产审判效率，降低破产程序成本，保障债权人和债务人等主体合法权益，充分发挥破产审判工作在完善市场主体拯救和退出机制等方面的积极作用，根据《中华人民共和国企业破产法》《最高人民法院关于推进破产案件依法高效审理的意见》等规定，结合破产审判工作实际，制定本指引。

第一条 破产案件的审理，应当遵循繁简分流、效率提升、权利保障原则。

第二条 具备下列情形之一的破产案件，人民法院可以适用快速审理方式：

（一）债务人账面资产在5000万元以下，债权性质较为单一的；

（二）债务人的主要财产、账册、重要文件等灭失，或者债务人人员下落不明，未发现大额财产隐匿的；

（三）债务人经过强制清算，债权债务关系明确的；

（四）债务人无财产或者债务人财产不足以支付破产费用的；

（五）预重整转重整的；

（六）其他可以适用快速审理方式的。

第三条 具有下列情形之一的破产案件，不适用快速审理方式：

（一）债务人财产状况复杂导致管理、变价、分配债务人财产可能期间较长或者存在较大困难的；

（二）债务人系上市公司、金融机构，或者存在关联企业合并破产、跨境破产等重大社会影响的；

（三）重整案件未经过预重整的；

（四）其他不宜适用快速审理方式的。

第四条 人民法院认为破产申请符合受理条件的，应当同时审查是否适用快速审理方式。决定适用快速审理方式的，应当在指定管理人决定书中予以告知，并与企业破产法第十四条规定的事项一并予以公告。

第五条 对于决定适用快速审理方式的破产案件，人民法院应当自裁定受理之日起六个月内审结。

本指引第二条第二、三、四项规定的破产案件，应当自裁定受理之日起三个月内审结。因特殊情况需要延长的，经分管院长批准，可以延长三个月。

第六条 破产案件在审理过程中发生不宜适用快速审理方式的情

形，或者案件无法在裁定受理之日起六个月内审结的，经分管院长批准，转为普通方式审理，原已进行的破产程序继续有效。人民法院应当将转换审理方式决定书送达管理人，并予以公告。管理人应当将上述事项通知已知债权人、债务人。

第七条 适用快速审理方式审理的破产案件，一般采取随机摇号方式公开指定管理人。

预重整转重整的破产案件，人民法院可以指定预重整辅助机构为管理人。

强制清算转破产清算的案件，原强制清算的清算组由人民法院管理人名册中的中介机构组成或者参加的，可以直接指定该中介机构为管理人。

第八条 人民法院可以在破产申请受理审查阶段同步开展指定管理人的准备工作。合议庭评议拟受理破产申请并致函审判管理部门随机摇号确定管理人的，应当在收到审判管理部门通知当日作出受理破产申请裁定及指定管理人决定。

人民法院决定指定预重整辅助机构或者原强制清算清算组中的中介机构为管理人的，应当在裁定受理破产申请当日作出指定管理人决定。

第九条 管理人应当自收到指定管理人决定书之日起三日内完成刻制管理人印章、向银行申请开立管理人账户等工作。

因债务人没有财产等原因，无开立账户必要的，可以暂不申请开立管理人账户。

第十条 管理人应当自收到指定管理人决定书之日起五日内接管债务人财产、印章和账簿、文书等资料。不能完成接管的，应当及时向人民法院报告接管现状以及不能全面接管的原因。

第十一条 管理人应当自收到指定管理人决定书之日起五日内向人民法院提交查询债务人有关诉讼、执行案件情况及通过网络执行查控系统查询债务人银行存款、房产、车辆、股权、证券、网络账户等财产的书面申请，人民法院应当及时向管理人反馈查询结果。

第十二条 人民法院应当自裁定受理破产申请之日起十五日内自行或者由管理人协助通知已知债权人，并就企业破产法第十四条规定的事项在“全国企业破产重整案件信息网”予以公告。

破产申请审查阶段已查明债权债务关系明确、债务人财产状况清楚、案情简单的破产案件，人民法院可以在向管理人送达指定管理人决定书当日就企业破产法第十四条规定的事项在“全国企业破产重整案件信息网”予以公告。

第十三条 债权人申报债权的期限为三十日，自发布受理破产申请公告之日起计算。

第十四条 管理人在接管债务人财产、接受债权申报等执行职务过程中，应当要求债权人、债务人的法定代表人、董事、监事、高级管理人员及相关财务管理人员、其他经营管理人员、利害关系人书面确认送达地址、电子送达方式及法律后果。

第十五条 适用快速审理方式的破产案件原则上只召开一次债权人会议。第一次债权人会议应当自债权申报期限届满之日起五日内召开。

第十六条 召开债权人会议，管理人应当提前十五日通知已知债权人，并将需审议、表决事项的具体内容提前三日告知已知债权人。但全体已知债权人同意缩短上述时间的除外。

第十七条 第一次债权人会议可以采用现场方式或者网络在线视频方式召开。经第一次债权人会议决议通过，以后的债权人会议还可以采用非在线视频通讯群组等其他非现场方式召开。债权人会议以非现场方式召开的，管理人应当核实参会人员身份，记录并保存会议过程。

第十八条 债权人会议除现场表决外，可以采用书面、传真、短信、电子邮件、即时通信、通讯群组等非现场方式进行表决。

第十九条 受合议庭委托，合议庭成员可以单独主持债权人会议。

第二十条 债权人会议上，全体债权人对债权核查无异议的，人民法院可以当庭裁定确认无异议债权。

第二十一条 在第一次债权人会议上，管理人可以将债务人财产变价方案、分配方案以及破产程序终结后可能追加分配的方案一并提交债权人会议表决。

适用快速审理方式的预重整转重整案件，管理人原则上应当将重整计划草案提交第一次债权人会议表决。

第二十二条 适用快速审理方式的破产案件，一般不设立债权人委员会。

第二十三条 管理人一般应当自接受指定之日起三十日内完成债务人财产调查工作并向人民法院提交财产状况报告。

第二十四条 债务人有下列情形之一的，管理人可以决定不予审计并向人民法院报告：

（一）债务人财务账册不完整、重要财务资料严重缺失，明显不具备审计条件的；

（二）债务人资产规模小，权属清晰，债权债务关系简单，通过其他措施可以明确资产以及负债的；

（三）债务人财产不足以清偿破产费用且无人代为清偿或者垫付的；

（四）强制清算程序、执行程序中已经进行审计或者债务人、债权人、利害关系人自行委托其他社会中介机构进行审计，管理人经审查认为审计报告符合破产审计要求的；

（五）其他不予审计的。

本条第一项规定情形，债权人会议另有决议的除外。

第二十五条 债务人有下列情形之一的，管理人可以决定不予评估并向人民法院报告：

（一）强制清算程序、执行程序中已经对债务人财产进行了评估，人民法院裁定受理债务人破产案件的时间处于评估报告有效期内的；

（二）债务人财产形态和财产结构简单且价值较低，能够采取定向询价、网络询价等方式确定财产价值的；

（三）其他不予评估的。

本条第一项规定情形，债权人会议另有决议的除外。

第二十六条 债务人符合宣告破产条件的，管理人应当自第一次债权人会议结束之日起三日内，向人民法院申请宣告债务人破产。人民法院经审查认为债务人符合宣告破产条件的，应当自收到申请之日起三日内，作出宣告债务人破产的裁定。

召开第一次债权人会议时即能够认定债务人符合宣告破产条件的，经管理人申请，人民法院可以在第一次债权人会议上裁定宣告债务人破产。

管理人调查后未发现债务人有可供分配的财产或者虽有少量财产但不足以支付破产费用且无利害关系人垫付的，经管理人申请，人民法院可以在裁定宣告破产的同时裁定终结破产程序。

第二十七条 经债权人会议表决通过，破产财产可以采取债权人内部竞价、协议转让、以物抵债等非拍卖方式处置。

第二十八条 管理人应当自破产财产分配完毕之日起三日内向人民法院提交破产财产分配报告、清算工作报告，并提请终结破产程序。

第二十九条 管理人提请终结破产程序的，人民法院应当及时审查。对于符合终结破产程序条件的，应当自收到申请之日起三日内作出终结破产程序的裁定并予以公告。

第三十条 管理人应当自破产程序终结之日起三日内，持终结破产程序裁定向破产企业的原登记机关办理注销登记，但存在衍生诉讼等原因暂时无法注销的情形除外。

第三十一条 对债权债务关系明确、财产状况清楚、案情简单的强制清算案件，可以参照适用本指引。

第三十二条 本指引自2021年11月15日起施行。

重庆市第五中级人民法院

印发《关于在审理企业破产案件中防范和打击逃废债务行为的工作指引（试行）》的通知

（2021 年 11 月 10 日）

辖区各相关基层人民法院、本院各相关部门：

《重庆市第五中级人民法院关于在审理企业破产案件中防范和打击逃废债务行为的工作指引（试行）》已于 2021 年 11 月 4 日经本院审判委员会 2021 年第 33 次会议讨论通过，现予以印发，请遵照执行。

重庆市第五中级人民法院

关于在审理企业破产案件中防范和打击逃废债务行为的工作指引（试行）

为推进企业依法破产，防范和打击逃废债务行为，杜绝假借破产名义逃废债务的现象，保护债权人的合法权益，营造法治化营商环境，促进经济高质量发展，根据《中华人民共和国企业破产法》《中华人民共和国公司法》《中华人民共和国民事诉讼法》和相关法律法规、司法解释等规定，结合破产审判工作实际，制定本指引。

第一条 企业法人以其全部财产独立承担民事责任，企业法人的出资人以其认缴的出资额或者认购的股份为限对企业法人承担责任。

按照重整计划或者和解协议减免的债务，自重整计划或者和解协议执行完毕时起，债务人不再承担清偿责任。

第二条 人民法院在企业破产案件审理中，应当防范和打击债务人及其出资人、实际控制人、董事、监事、高级管理人员等主体通过隐匿财产、虚构债权债务或者以其他方法转移、处分财产，利用破产程序逃废债务，损害债权人或者他人利益的行为。

第三条 对于符合破产申请受理条件但是存在借破产逃废债务可能的企业，应当依法受理破产申请，在破产程序中依法撤销或者否定不当处置财产行为，追究相关主体的法律责任。

第四条 破产程序中发现相关主体有下列情形之一的，应当认定为逃废债务行为：

（一）以无偿处分财产权益、明显不合理价格进行交易、不当关联交易、虚构交易等方式隐匿、转移、处分债务人的资产；

（二）以为他人提供保证、债务加入、在企业资产上设定权利负担等方式恶意增加债务负担；

（三）债务人的出资人、实际控制人、董事、监事、高级管理人员等主体侵占企业资产；

（四）债务人的出资人、实际控制人、董事、监事、高级管理人员等主体弃企逃债；

（五）以虚假诉讼、仲裁、公证等方式骗取生效法律文书；

（六）其他损害债权人或者他人利益的行为。

第五条 人民法院对破产申请进行审查时，应当强化识别破产原因，并注意以下事项：

（一）对于债务人的关联企业、关联人员作为债权人申请债务人破产的案件，在受理审查阶段应当慎重审查关联债权的合法性和真实性，防止关联企业、关联人员通过虚构债权债务的方式逃废债务；

（二）对债务人申请破产的案件，应当要求债务人提供资产负债表、财产清单、债权债务清册或者审计报告、资产评估报告等反映企业资产、负债情况的基本材料，明确债务人的财产、印章和账簿、文书等资料保管的具体责任人员，并要求债务人就主要资产、会计资料的去向作出说明。

第六条 破产案件受理裁定作出后，即产生限制债务人对财产的管理和处分行为、禁止个别清偿、中止对债务人财产的执行程序、解除有关债务人财产的保全措施、由管理人对债务人财产进行统一管理和处分等法律效力。

管理人为清查、追收债务人财产，申请对债务人财产采取保全措施的，人民法院应当依法予以支持。

第七条 管理人应当勤勉尽责，穷尽措施清查、追收债务人财产并依法追究相关责任人的法律责任。

债权人通过债权人会议或者债权人委员会，要求管理人依法向次债务人、债务人的出资人等追收债务人财产，管理人无正当理由拒绝追收，债权人会议可以申请人民法院更换管理人。

管理人未勤勉尽责，给债权人、债务人或者第三人造成损失的，依法承担赔偿责任。

第八条 管理人在履行调查、追收债务人财产职责过程中，可以申请人民法院出具委托调查函或者调查令。

第九条 债权申报人申报的债权，管理人应当及时对债权的真实性、性质、数额、担保财产、是否超过诉讼时效期间、是否超过强制执行期间等情况进行审查。

对于债务人的出资人、实际控制人、董事、监事、高级管理人员等主体申报的债权，管理人应当重点审查原始凭证、债务人会计账簿等资料。

第十条 债权人在破产程序中应当依照企业破产法的规定行使权利。管理人审查债权，应当结合债权人提交的证据和管理人接管的债务人资料综合认定债权的真实性，不应仅以债权人证据不足为由否认客观真实的债权。

第十一条 具有以下情形之一的，可以将公司股东或者实际控制人对公司债权确定为劣后债权，安排在普通债权之后受偿：

（一）公司股东因未履行或者未全面履行出资义务、抽逃出资而对公司负有债务，其债权在未履行或者未全面履行出资义务、抽逃出资范围内的部分；

（二）股东实际投入公司的资本数额与公司经营所隐含的风险相比明显不匹配且持续时间较长，公司运作主要依靠向股东或者实际控制人负债筹集，股东或者实际控制人因此而对公司形成的债权；

（三）公司控股股东或者实际控制人为了自身利益，与公司之间因不公平交易而产生的债权。

公司股东或者实际控制人在前述情形下形成的劣后债权，不得行使别除权、抵销权。

第十二条 人民法院裁定受理破产申请后，管理人应当要求债务人的出资人向债务人依法缴付未履行的出资或者返还抽逃的出资本息。

破产申请受理后，出资人尚未缴纳的出资均应作为债务人财产。出资人尚未缴纳的出资，包括到期应缴未缴的出资，以及依照公司法第二十六条和第八十条的规定分期缴纳尚未届满缴纳期限的出资。

有下列情形之一的，管理人可以要求出资人依法全面履行出资义务：

（一）出资人以划拨土地使用权出资，或者以设定权利负担的土地使用权出资，未办理土地变更手续或者解除权利负担的；

（二）出资人以非货币财产出资，未依法评估作价，管理人可以委托具有相应资质的评估机构对该财产评估作价，出资人拒不配合协助评估或者评估确定的价额显著低于公司章程所定价额的；

（三）出资人以房屋、土地使用权或者需要办理权属登记的知识产权等财产出资，已经交付公司使用但未办理权属变更手续的；

（四）出资人以其他公司股权出资，但不符合《最高人民法院关于适用〈中华人民共和国公司法〉若干问题的规定（三）》第十一条第一款规定的。

第十三条 股东违反出资义务或者抽逃出资，管理人可以依据公司法的相关规定代表债务人主张公司的发起人和负有监督股东履行出资义务的董事、高级管理人员，或者协助抽逃出资的其他股东、董事、高级管理人员、实际控制人等，对股东违反出资义务或者抽逃出资承担相应责任，并将财产归入债务人财产。

有限责任公司的股东未履行或者未全面履行出资义务即转让股权，受让人对此知道或者应当知道，管理人可以代表公司请求该股东履行出资义务、受让人对此承担连带责任。

第十四条 企业法人的出资人滥用法人独立地位和出资人有限责任，逃避债务，严重损害企业法人债权人的利益的，应当对企业法人债务承担连带责任。

第十五条 企业法人的控股出资人、实际控制人、董事、监事、高级管理人员利用关联关系造成企业法人损失的，应当承担赔偿责任。

第十六条 关联企业之间存在法人人格高度混同、区分各关联企业财产的成本过高、严重损害债权人公平清偿利益时，管理人可以申请对关联企业进行实质合并破产。

第十七条 债务人及其有关人员存在企业破产法第三十一条、第三十二条、第三十三条、第三十六条等规定的行为的，管理人应当依法追回相关财产。

第十八条 债权人、出资人等利害关系人可以提供债务人相关财产可能存在被非法侵占、挪用、隐匿等情形的初步证据或者明确线索。

管理人未依法请求人民法院撤销债务人无偿处分财产权益、以明显不合理价格交易、放弃债权等行为，或者上述行为发生在人民法院受理破产申请一年前，债权人起诉请求撤销债务人上述行为并将追回的财产归入债务人财产的，人民法院应当依法予以支持。债权人行使撤销权的必要费用，可以作为破产费用随时支付。

第十九条 债务人的法定代表人和其他直接责任人员对所涉债务人财产的相关行为存在故意或者重大过失，造成债务人财产损失的，管理人应当主张上述责任人员承担相应赔偿责任。

因债务人相关人员的行为导致无法对债务人进行破产清算，造成债权人直接损失的，管理人可以要求债务人相关人员承担相应损害赔偿责任并将因此获得的赔偿归入债务人财产。

第二十条 债务人有关人员或者其他人员有下列情形之一的，人民法院应当依法适用企业破产法、民事诉讼法规定的强制措施予以处理：

（一）拒不向人民法院提交或者提交不真实的财产状况说明、债务清册、债权清册、有关财务会计报告以及职工工资的支付情况和社会保险费用的缴纳情况的；

（二）拒不向管理人移交财产、印章和账簿、文书等资料，或者伪造、销毁债务人的账簿等重要证据材料的；

（三）故意作虚假陈述的；

（四）对管理人进行侮辱、诽谤、诬陷、殴打、打击报复的；

（五）债务人的有关人员未经人民法院许可，擅自离开住所地的；

（六）其他应当处罚的行为。

第二十一条 管理人应当核查债务人账面资产与实际资产是否相符，债务人资产与关联企业资产或者法定代表人、实际控制人、控股出资人个人资产是否存在混同。

对未依照法律、行政法规和国务院财政部门的规定建立财务、会计制度的债务人的有关责任人员，人民法院可以建议相关行政机关或者行业协会依法予以处理。

第二十二条 债务人的法定代表人在企业破产程序期间不得新任其他企业的董事、监事、高级管理人员。经人民法院决定，企业的财务管理人员和其他经营管理人员在企业破产程序期间也不得新任其他企业的董事、监事、高级管理人员。但是，因重整或者和解需要，经人民法院许可的除外。

债务人的董事、监事或者高级管理人员违反忠实、勤勉义务，致使所在企业破产的，自破产程序终结之日起三年内不得担任任何企业的董事、监事、高级管理人员。

管理人应当及时将需要进行任职资格限制的债务人有关人员名单报送市场监督管理部门。债权人、管理人等利害关系人发现债务人有关人员违反任职资格限制的，可以向市场监督管理部门举报。

第二十三条 管理人发现有关人员有下列行为之一，涉嫌犯罪的，应当及时报送人民法院，人民法院应当根据管理人的提请或者依职权及时移送有关机关依法处理：

（一）以捏造的事实在破产案件审理过程中申报债权的；

（二）以虚假诉讼、仲裁、公证骗取法律文书申报债权的；

（三）债务人的法定代表人、出资人、实际控制人等有恶意侵占、挪用、隐匿企业财产行为的；

（四）隐匿、故意销毁依法应当保存的会计凭证、会计账簿、财务会计报告的；

（五）隐匿财产，对资产负债表或者财产清单作虚伪记载的；

（六）通过隐匿财产、承担虚构的债务或者以其他方法转移、处分财产的；

（七）债务人的有关人员拒不执行人民法院要求其移交财产、印章和账簿、文书资料等裁定确定的义务的；

（八）提供虚假的资产评估、会计、审计等证明文件的；

（九）公司发起人、股东违反法律规定未交付货币、实物或者未转移财产权，虚假出资，或者抽逃出资的；

（十）破产程序中发生的其他涉嫌犯罪行为。

第二十四条 推动建立人民法院、检察院、公安机关等相关部门协调联动机制，实现信息互通，相互配合，形成合力，共同防范和打击利用破产程序恶意逃废债务的行为。

第二十五条 本指引自2021年11月15日起施行。

指导案例、典型案例与解读

最高人民法院

关于发布第30批指导性案例的通知

2021年11月9日　　法〔2021〕272号

各省、自治区、直辖市高级人民法院，解放军军事法院，新疆维吾尔自治区高级人民法院生产建设兵团分院：

经最高人民法院审判委员会讨论决定，现将北京隆昌伟业贸易有限公司诉北京城建重工有限公司合同纠纷案等六个案例（指导案例166－171号），作为第30批指导性案例发布，供在审判类似案件时参照。

指导案例166号

北京隆昌伟业贸易有限公司诉北京城建重工有限公司合同纠纷案

（最高人民法院审判委员会讨论通过　2021年11月9日发布）

关键词　民事/合同纠纷/违约金调整/诚实信用原则

裁判要点

当事人双方就债务清偿达成和解协议，约定解除财产保全措施及违约责任。一方当事人依约申请人民法院解除了保全措施后，另一方当事人违反诚实信用原则不履行和解协议，并在和解协议违约金诉讼中请求减少违约金的，人民法院不予支持。

相关法条

《中华人民共和国合同法》第6条、第114条（注：现行有效的法律为《中华人民共和国民法典》第7条、第585条）

基本案情

2016年3月，北京隆昌伟业贸易有限公司（以下简称隆昌贸易公司）因与北京城建重工有限公司（以下简称城建重工公司）买卖合同纠纷向人民法院提起民事诉讼，人民法院于2016年8月作出（2016）京0106民初6385号民事判决，判决城建重工公司给付隆昌贸易公司货款5284648.68元及相应利息。城建重工公司对此判决提起上诉，在上诉期间，城建重工公司与隆昌贸易公司签订协议书，协议书约定：（1）城建重工公司承诺于2016年10月14日前向隆昌贸易公司支付人民币300万元，剩余的本金2284648.68元、利息462406.72元及诉讼费25802元（共计2772857.4元）于2016年12月31日前支付完毕；城建重工公司未按照协议约定的时间支付首期给付款300万元或未能在2016年12月31日前足额支付完毕全部款项的，应向隆昌贸易公司支付违约金80万元；如果城建重工公司未能在2016年12月31日前足额支付完毕全部款项的，隆昌贸易公司可以自2017年1月1日起随时以（2016）京0106民初6385号民事判决为依据向人民法院申请强制执行，同时有权向城建重工公司追索本协议确定的违约金80万元。（2）隆昌贸易公司申请解除在他案中对城建重工公司名下财产的保全措施。双方达成协议后城建重工公司向二审法院申请撤回上诉并按约定于2016年10月14

日给付隆昌贸易公司首期款项 300 万元，隆昌贸易公司按协议约定申请解除了对城建重工公司财产的保全。后城建重工公司未按照协议书的约定支付剩余款项，2017 年 1 月隆昌贸易公司申请执行（2016）京 0106 民初 6385 号民事判决书所确定的债权，并于 2017 年 6 月起诉城建重工公司支付违约金 80 万元。

一审中，城建重工公司答辩称：隆昌贸易公司要求给付的请求不合理，违约金数额过高。根据生效判决，城建重工公司应给付隆昌贸易公司的款项为 5284648. 68 元及利息。隆昌贸易公司诉求城建重工公司因未完全履行和解协议承担违约金的数额为 80 万元，此违约金数额过高，有关请求不合理。一审宣判后，城建重工公司不服一审判决，上诉称：一审判决在错误认定城建重工公司恶意违约的基础上，适用惩罚性违约金，不考虑隆昌贸易公司的损失情况等综合因素而全部支持其诉讼请求，显失公平，请求适当减少违约金。

裁判结果

北京市丰台区人民法院于 2017 年 6 月 30 日作出（2017）京 0106 民初 15563 号民事判决：北京城建重工有限公司于判决生效之日起十日内支付北京隆昌伟业贸易有限公司违约金 80 万元。北京城建重工有限公司不服一审判决，提起上诉。北京市第二中级人民法院于 2017 年 10 月 31 日作出（2017）京 02 民终 8676 号民事判决：驳回上诉，维持原判。

裁判理由

法院生效裁判认为：隆昌贸易公司与城建重工公司在诉讼期间签订了协议书，该协议书均系双方的真实意思表示，不违反法律法规强制性规定，合法有效，双方应诚信履行。本案涉及诉讼中和解协议的违约金调整问题。本案中，隆昌贸易公司与城建重工公司签订协议书约定城建重工公司如未能于 2016 年 10 月 14 日前向隆昌贸易公司支付人民币 300

万元，或未能于 2016 年 12 月 31 日前支付剩余的本金 2284648.68 元、利息 462406.72 元及诉讼费 25802 元（共计 2772857.4 元），则隆昌贸易公司有权申请执行原一审判决并要求城建重工公司承担 80 万元违约金。现城建重工公司于 2016 年 12 月 31 日前未依约向隆昌贸易公司支付剩余的 2772857.4 元，隆昌贸易公司的损失主要为尚未得到清偿的 2772857.4 元。城建重工公司在诉讼期间与隆昌贸易公司达成和解协议并撤回上诉，隆昌贸易公司按协议约定申请解除了对城建重工公司账户的冻结。而城建重工公司作为商事主体自愿给隆昌贸易公司出具和解协议并承诺高额违约金，但在账户解除冻结后城建重工公司并未依约履行后续给付义务，具有主观恶意，有悖诚实信用。一审法院判令城建重工公司依约支付 80 万元违约金，并无不当。

（生效裁判审判人员：苏丽英、王国才、周维）

指导案例 167 号

北京大唐燃料有限公司诉山东百富物流有限公司买卖合同纠纷案

（最高人民法院审判委员会讨论通过　2021 年 11 月 9 日发布）

关键词　民事/买卖合同/代位权诉讼/未获清偿/另行起诉

裁判要点

代位权诉讼执行中，因相对人无可供执行的财产而被终结本次执行程序，债权人就未实际获得清偿的债权另行向债务人主张权利的，人民法院应予支持。

相关法条

《最高人民法院关于适用〈中华人民共和国合同法〉若干问题的解释（一）》第20条（注：现行有效的法律为《中华人民共和国民法典》第537条）

基本案情

2012年1月20日至2013年5月29日期间，北京大唐燃料有限公司（以下简称大唐公司）与山东百富物流有限公司（以下简称百富公司）之间共签订采购合同41份，约定百富公司向大唐公司销售镍铁、镍矿、精煤、冶金焦等货物。双方在履行合同过程中采用滚动结算的方式支付货款，但是每次付款金额与每份合同约定的货款金额并不一一对应。自2012年3月15日至2014年1月8日，大唐公司共支付百富公司货款1827867179.08元，百富公司累计向大唐公司开具增值税发票总额为1869151565.63元。大唐公司主张百富公司累计供货货值为1715683565.63元，百富公司主张其已按照开具增值税发票数额足额供货。

2014年11月25日，大唐公司作为原告，以宁波万象进出口有限公司（以下简称万象公司）为被告，百富公司为第三人，向浙江省宁波市中级人民法院提起债权人代位权诉讼。该院作出（2014）浙甬商初字第74号民事判决书，判决万象公司向大唐公司支付款项36369405.32元。大唐公司于2016年9月28日就（2014）浙甬商初字第74号民事案件向浙江省象山县人民法院申请强制执行。该院于2016年10月8日依法向万象公司发出执行通知书，但万象公司逾期仍未履行义务，万象公司尚应支付执行款36369405.32元及利息，承担诉讼费209684元、执行费103769.41元。经该院执行查明，万象公司名下有机动车二辆，该院已经查封但实际未控制。大唐公司在限期内未能提供万象公司可供执行的财产，也未向该院提出异议。该院于2017年3月25日作出

（2016）浙0225执3676号执行裁定书，终结本次执行程序。

大唐公司以百富公司为被告，向山东省高级人民法院提起本案诉讼，请求判令百富公司向其返还本金及利息。

裁判结果

山东省高级人民法院于2018年8月13日作出（2018）鲁民初10号民事判决：一、山东百富物流有限公司向北京大唐燃料有限公司返还货款75814208.13元；二、山东百富物流有限公司向北京大唐燃料有限公司赔偿占用货款期间的利息损失（以75814208.13元为基数，自2014年11月25日起至山东百富物流有限公司实际支付之日止，按照中国人民银行同期同类贷款基准利率计算）；三、驳回北京大唐燃料有限公司其他诉讼请求。大唐燃料有限公司不服一审判决，提起上诉。最高人民法院于2019年6月20日作出（2019）最高法民终6号民事判决：一、撤销山东省高级人民法院（2018）鲁民初10号民事判决；二、山东百富物流有限公司向北京大唐燃料有限公司返还货款153468000元；三、山东百富物流有限公司向北京大唐燃料有限公司赔偿占用货款期间的利息损失（以153468000元为基数，自2014年11月25日起至山东百富物流有限公司实际支付之日止，按照中国人民银行同期同类贷款基准利率计算）；四、驳回北京大唐燃料有限公司的其他诉讼请求。

裁判理由

最高人民法院认为：关于（2014）浙甬商初字第74号民事判决书涉及的36369405.32元债权问题，大唐公司有权就该笔款项另行向百富公司主张。

第一，《最高人民法院关于适用〈中华人民共和国合同法〉若干问题的解释（一）》［以下简称《合同法解释（一）》］第二十条规定，债权人向次债务人提起的代位权诉讼经人民法院审理后认定代位权成立的，由次债务人向债权人履行清偿义务，债权人与债务人、债务人与次债务人之间相应的债权债务关系即予消灭。根据该规定，认定债权人与债务人之间相应债权债务关系消灭的前提是次债务人已经向债权人实际履行相应清偿义务。本案所涉执行案件中，因并未执行到万象公司的财产，浙江省象山县人民法院已经作出终结本次执行的裁定，故在万象公司并未实际履行清偿义务的情况下，大唐公司与百富公司之间的债权债务关系并未消灭，大唐公司有权向百富公司另行主张。

第二，代位权诉讼属于债的保全制度，该制度是为防止债务人财产不当减少或者应当增加而未增加，给债权人实现债权造成障碍，而非要求债权人在债务人与次债务人之间择一选择作为履行义务的主体。如果要求债权人择一选择，无异于要求债权人在提起代位权诉讼前，需要对次债务人的偿债能力作充分调查，否则应当由其自行承担债务不得清偿的风险，这不仅加大了债权人提起代位权诉讼的经济成本，还会严重挫伤债权人提起代位权诉讼的积极性，与代位权诉讼制度的设立目的相悖。

第三，本案不违反"一事不再理"原则。根据《最高人民法院关于适用〈中华人民共和国民事诉讼法〉的解释》第二百四十七条规定，判断是否构成重复起诉的主要条件是当事人、诉讼标的、诉讼请求是否相同，或者后诉的诉讼请求是否实质上否定前诉裁判结果等。代位权诉讼与对债务人的诉讼并不相同，从当事人角度看，代位权诉讼以债权人为原告、次债务人为被告，而对债务人的诉讼则以债权人为原告、债务人为被告，两者被告身份不具有同一性。从诉讼标的及诉讼请求上看，代位权诉讼虽然要求次债务人直接向债权人履行清偿义务，但针对的是债务人与次债务人之间的债权债务，而对债务人的诉讼则是要求债务人向债权人履行清偿义务，针对的是债权人与债务人之间的债权债务，两者在标的范围、法律关系等方面亦不相同。从起诉要件上看，与对债务人诉讼不同的是，代位权诉讼不仅要求具备民事诉讼法规定的起诉条件，同时还应当具备《合同法解释（一）》第十一条规定的诉讼条件。基于上述不同，代位权诉讼与对债务人的诉讼并非同一事由，两者仅具有法律上的关联性，故大唐公司提起本案诉讼并不构成重复起诉。

（生效裁判审判人员：李伟、王毓莹、苏蓓）

指导案例168号

中信银行股份有限公司东莞分行诉陈志华等金融借款合同纠纷案

（最高人民法院审判委员会讨论通过　2021年11月9日发布）

关键词　民事/金融借款合同/未办理抵押登记/赔偿责任/过错

裁判要点

以不动产提供抵押担保，抵押人未依抵押合同约定办理抵押登记的，不影响抵押合同的效力。债权人依据抵押合同主张抵押人在抵押物的价值范围内承担违约赔偿责任的，人民法院应予支持。抵押权人对未能办理抵押登记有过错的，相应减轻抵押人的赔偿责任。

相关法条

1.《中华人民共和国物权法》第15条（注：现行有效的法律为《中华人民共和国民法典》第215条）；

2.《中华人民共和国合同法》第107条、第113条第1款、第119条第1款（注：现行有效的法律为《中华人民共和国民法典》第577条、第584条、第591条第1款）。

基本案情

2013年12月31日，中信银行股份有限公司东莞分行（以下简称中信银行东莞分行）与东莞市华丰盛塑料有限公司（以下简称华丰盛公司）、东莞市亿阳信通集团有限公司（以下简称亿阳公司）、东莞市高力信塑料有限公司（以下简称高力信公司）签订《综合授信合同》，约定中信银行东莞分行为亿阳公司、高力信公司、华丰盛公司提供 4 亿元的综合授信额度，额度使用期限自 2013 年 12 月 31 日起至 2014 年 12 月 31 日止。为担保该合同，中信银行东莞分行于同日与陈志波、陈志华、陈志文、亿阳公司、高力信公司、华丰盛公司、东莞市怡联贸易有限公司（以下简称怡联公司）、东莞市力宏贸易有限公司（以下简称力宏公司）、东莞市同汇贸易有限公司（以下简称同汇公司）分别签订了《最高额保证合同》，约定：高力信公司、华丰盛公司、亿阳公司、力宏公司、同汇公司、怡联公司、陈志波、陈志华、陈志文为上述期间的贷款本息、实现债权费用在各自保证限额内向中信银行东莞分行提供连带保证责任。同时，中信银行东莞分行还分别与陈志华、陈志波、陈仁兴、梁彩霞签订了《最高额抵押合同》，陈志华、陈志波、陈仁兴、梁彩霞同意为中信银行东莞分行自 2013 年 12 月 31 日至 2014 年 12 月 31 日期间对亿阳公司等授信产生的债权提供最高额抵押，担保的主债权限额均为 4 亿元，担保范围包括贷款本息及相关费用，抵押物包括：1. 陈志华位于东莞市中堂镇东泊村的房产及位于东莞市中堂镇东泊村中堂汽车站旁的一栋综合楼（未取得不动产登记证书）；2. 陈志波位于东莞市中堂镇东泊村陈屋东兴路东一巷面积为 4667. 7 平方米的土地使用权及地上建筑物、位于东莞市中堂镇吴家涌面积为 30801 平方米的土地使用权、位于东莞市中堂镇东泊村面积为 12641. 9 平方米的土地使用权（均未取得不动产登记证书）；3. 陈仁兴位于东莞市中堂镇的房屋；4. 梁彩霞位于东莞市中堂镇东泊村陈屋新村的房产。以上不动产均未办理抵押登记。

另，中信银行东莞分行于同日与亿阳公司签订了《最高额权利质押合同》《应收账款质押登记协议》。

基于《综合授信合同》，中信银行东莞分行与华丰盛公司于2014年3月18日、19日分别签订了《人民币流动资金贷款合同》，约定：中信银行东莞分行为华丰盛公司分别提供2500万元、2500万元、2000万元流动资金贷款，贷款期限分别为2014年3月18日至2015年3月18日、2014年3月19日至2015年3月15日、2014年3月19日至2015年3月12日。

东莞市房产管理局于2011年6月29日向东莞市各金融机构发出《关于明确房地产抵押登记有关事项的函》（东房函〔2011〕119号），内容为："东莞市各金融机构：由于历史遗留问题，我市存在一些土地使用权人与房屋产权人不一致的房屋。2008年，住建部出台了《房屋登记办法》（建设部令第168号），其中第八条明确规定'办理房屋登记，应当遵循房屋所有权和房屋占用范围内的土地使用权权利主体一致的原则'。因此，上述房屋在申请所有权转移登记时，必须先使房屋所有权与土地使用权权利主体一致后才能办理。为了避免抵押人在实现该类房屋抵押权时，因无法在房管部门办理房屋所有权转移登记而导致合法利益无法得到保障，根据《物权法》《房屋登记办法》等相关规定，我局进一步明确房地产抵押登记的有关事项，现函告如下：一、土地使用权人与房屋产权人不一致的房屋需办理抵押登记的，必须在房屋所有权与土地使用权权利主体取得一致后才能办理。二、目前我市个别金融机构由于实行先放款再到房地产管理部门申请办理抵押登记，产生了一些不必要的矛盾纠纷。为了减少金融机构信贷风险和信贷矛盾纠纷，我局建议各金融机构在日常办理房地产抵押贷款申请时，应认真审查抵押房地产的房屋所有权和土地使用权权利主体是否一致，再决定是否发放该笔贷款。如对房地产权属存在疑问，可咨询房地产管理部门。三、为了更好地保障当事人利益，我局将从2011年8月1日起，对所有以自建房屋申请办理抵押登记的业务，要求申请人必须同时提交土地使用权证。”

中信银行东莞分行依约向华丰盛公司发放了7000万贷款。然而，华丰盛公司自2014年8月21日起未能按期付息。中信银行东莞分行提起本案诉讼。请求：华丰盛公司归还全部贷款本金7000万元并支付贷款利息等；陈志波、陈志华、陈仁兴、梁彩霞在抵押物价值范围内承担连带赔偿责任。

裁判结果

广东省东莞市中级人民法院于2015年11月19日作出（2015）东中法民四初字第15号民事判决：一、东莞市华丰盛塑料有限公司向中信银行股份有限公司东莞分行偿还借款本金7000万元、利息及复利并支付罚息；二、东莞市华丰盛塑料有限公司赔偿中信银行股份有限公司东莞分行支出的律师费13万元；三、东莞市亿阳信通集团有限公司、东莞市高力信塑料有限公司、东莞市力宏贸易有限公司、东莞市同汇贸易有限公司、东莞市怡联贸易有限公司、陈志波、陈志华、陈志文在各自《最高额保证合同》约定的限额范围内就第一、二判项确定的东莞市华丰盛塑料有限公司所负中信银行股份有限公司东莞分行的债务范围内承担连带清偿责任，保证人在承担保证责任后，有权向东莞市华丰盛塑料有限公司追偿；四、陈志华在位于广东省东莞市中堂镇东泊村中堂汽车站旁的一栋综合楼、陈志波在位于广东省东莞市中堂镇东泊村陈屋东兴路东一巷面积为4667.7平方米的土地使用权及地上建筑物（面积为3000平方米的三幢住宅）、位于东莞市中堂镇吴家涌面积为30801平方米的土地使用权、位于东莞市中堂镇东泊村面积为12641.9平方米的土地使用权的价值范围内就第一、二判项确定的东莞市华丰盛塑料有限公司所负中信银行股份有限公司东莞分行债务的未受清偿部分的二分之一范围内承担连带赔偿责任；五、驳回中信银行股份有限公司东莞分行的其他诉讼请求。中信银行股份有限公司东莞分行提出上诉。广东省高级人民法院于2017年11月14日作出（2016）粤民终1107号民事判决：驳回上诉，维持原判。中信银行股份有限公司东莞分行不服向最高人民法院申请再审。最高人民法院于2018年9月28日作出（2018）最高法民申3425号民事裁定，裁定提审本案。2019年12月9日，最高人民法院作出（2019）最高法民再155号民事判决：一、撤销广东省高级人民法院（2016）粤民终1107号民事判决；二、维持广东省东莞市中级人民法院（2015）东中法民四初字第15号民事判决第一、二、三、四项；三、撤销广东省东莞市中级人民法院（2015）东中法民四初字第15号民事判决第五项；四、陈志华在位于东莞市中堂镇东泊村的房屋价值范围内、陈仁兴在位于东莞市中堂镇的房屋价值范围内、梁彩霞在位于东莞市中堂镇东泊村陈屋新村的房屋价值范围内，就广东省东莞市中级人民法院（2015）东中法民四初字第15号民事判决第一、二判项确定的东莞市华丰盛塑料有限公司所负债务未清偿部分的二分之一范围内向中信银行股份有限公司东莞分行承担连带赔偿责任；五、驳回中信银行股份有限公司东莞分行的其他诉讼请求。

裁判理由

最高人民法院认为：《中华人民共和国物权法》第十五条规定："当事人之间订立有关设立、变更、转让和消灭不动产物权的合同，除法律另有规定或者合同另有约定外，自合同成立时生效；未办理物权登记的，不影响合同效力。"本案中，中信银行东莞分行分别与陈志华等三人签订的《最高额抵押合同》，约定陈志华以其位于东莞市中堂镇东泊村的房屋、陈仁兴以其位于东莞市中堂镇的房屋、梁彩霞以其位于东莞市中堂镇东泊村陈屋新村的房屋为案涉债务提供担保。上述合同内容系双方当事人的真实意思表示，内容不违反法律、行政法规的强制性规定，应为合法有效。虽然前述抵押物未办理抵押登记，但根据《中华人民共和国物权法》第十五条之规定，该事实并不影响抵押合同的效力。

依法成立的合同，对当事人具有法律约束力，当事人应当按照合同约定履行各自义务，不履行合同义务或履行合同义务不符合约定的，应依据合同约定或法律规定承担相应责任。《最高额抵押合同》第六条“甲方声明与保证”约定：“6.2 甲方对本合同项下的抵押物拥有完全的、有效的、合法的所有权或处分权，需依法取得权属证明的抵押物已依法获发全部权属证明文件，且抵押物不存在任何争议或任何权属瑕疵……6.4 设立本抵押不会受到任何限制或不会造成任何不合法的情形。”第十二条“违约责任”约定：“12.1 本合同生效后，甲乙双方均应履行本合同约定的义务，任何一方不履行或不完全履行本合同约定的义务的，应当承担相应的违约责任，并赔偿由此给对方造成的损失。12.2 甲方在本合同第六条所作声明与保证不真实、不准确、不完整或故意使人误解，给乙方造成损失的，应予赔偿。”根据上述约定，陈志华等三人应确保案涉房产能够依法办理抵押登记，否则应承担相应的违约责任。本案中，陈志华等三人尚未取得案涉房屋所占土地使用权证，因房地权属不一致，案涉房屋未能办理抵押登记，抵押权未依法设立，陈志华等三人构成违约，应依据前述约定赔偿由此给中信银行东莞分行造成的损失。

《中华人民共和国合同法》第一百一十三条第一款规定：“当事人一方不履行合同义务或者履行合同义务不符合约定，给对方造成损失的，损失赔偿额应当相当于因违约所造成的损失，包括合同履行后可以获得的利益，但不得超过违反合同一方订立合同时预见到或者应当预见到的因违反合同可能造成的损失。”《最高额抵押合同》第6.6条约定：“甲方承诺：当主合同债务人不履行到期债务或发生约定的实现担保物权的情形，无论乙方对主合同项下的债权是否拥有其他担保（包括但不限于主合同债务人自己提供物的担保、保证、抵押、质押、保函、备用信用证等担保方式），乙方有权直接请求甲方在其担保范围内承担担保责任，无须行使其他权利（包括但不限于先行处置主合同债务人提供的物的担保）。”第8.1条约定：“按照本合同第二条第2.2款确定的债务履行期限届满之日债务人未按主合同约定履行全部或部分债务的，乙方有权按本合同的约定处分抵押物。”在《最高额抵押合同》正常履行的情况下，当主债务人不履行到期债务时，中信银行东莞分行可直接请求就抵押物优先受偿。本案抵押权因未办理登记而未设立，中信银行东莞分行无法实现抵押权，损失客观存在，其损失范围相当于在抵押财产价值范围内华丰盛公司未清偿债务数额部分，并可依约直接请求陈志华等三人进行赔偿。同时，根据本案查明的事实，中信银行东莞分行对《最高额抵押合同》无法履行亦存在过错。东莞市房产管理局已于2011年明确函告辖区各金融机构，房地权属不一致的房屋不能再办理抵押登记。据此可以认定，中信银行东莞分行在2013年签订《最高额抵押合同》时对于案涉房屋无法办理抵押登记的情况应当知情或者应当能够预见。中信银行东莞分行作为以信贷业务为主营业务的专业金融机构，应比一般债权人具备更高的审核能力。相对于此前曾就案涉抵押物办理过抵押登记的陈志华等三人来说，中信银行东莞分行具有更高的判断能力，负有更高的审查义务。中信银行东莞分行未尽到合理的审查和注意义务，对抵押权不能设立亦存在过错。同时，根据《中华人民共和国合同法》第一百一十九条“当事人一方违约后，对方应当采取适当措施防止损失的扩大；没有采取适当措施致使损失扩大的，不得就扩大的损失要求赔偿”的规定，中信银行东莞分行在知晓案涉房屋无法办理抵押登记后，没有采取降低授信额度、要求提供补充担保等措施防止损失扩大，可以适当减轻陈志华等三人的赔偿责任。综合考虑双方当事人的过错程度以及本案具体情况，酌情认定陈志华等三人以抵押财产价值为限，在华丰盛公司尚未清偿债务的二分之一范围内，向中信银行东莞分行承担连带赔偿责任。

（生效裁判审判人员：高燕竹、张颖新、刘少阳）

指导案例 169 号

徐欣诉招商银行股份有限公司上海延西支行银行卡纠纷案

（最高人民法院审判委员会讨论通过 2021 年 11 月 9 日发布）

关键词 民事/银行卡纠纷/网络盗刷/责任认定

裁判要点

持卡人提供证据证明他人盗用持卡人名义进行网络交易，请求发卡行承担被盗刷账户资金减少的损失赔偿责任，发卡行未提供证据证明持卡人违反信息妥善保管义务，仅以持卡人身份识别信息和交易验证信息相符为由主张不承担赔偿责任的，人民法院不予支持。

相关法条

《中华人民共和国合同法》第 107 条（注：现行有效的法律为《中华人民共和国民法典》第 577 条）

基本案情

徐欣系招商银行股份有限公司上海延西支行（以下简称招行延西支行）储户，持有卡号为××××的借记卡一张。

2016 年 3 月 2 日，徐欣上述借记卡发生三笔转账，金额分别为 50000 元、50000 元及 46200 元，共计 146200 元。转入户名均为石某，卡号：××××，转入行：中国农业银行。

2016年5月30日，徐欣父亲徐某至上海市公安局青浦分局经侦支队报警并取得《受案回执》。当日，上海市公安局青浦分局经侦支队向徐欣发送沪公（青）立告字（2016）3923号《立案告知书》，告知信用卡诈骗案决定立案。

2016年4月29日，福建省福清市公安局出具融公（刑侦）捕字（2016）00066号《逮捕证》，载明：经福清市人民检察院批准，兹由我局对涉嫌盗窃罪的谢某1执行逮捕，送福清市看守所羁押。

2016年5月18日，福建省福清市公安局刑侦大队向犯罪嫌疑人谢某1制作《讯问笔录》，载明：……我以9800元人民币向我师傅购买了笔记本电脑、银行黑卡（使用别人身份办理的银行卡）、身份证、优盘等设备用来实施盗刷他人银行卡存款。我师傅卖给我的优盘里有受害人的身份信息、手机号码、银行卡号、取款密码以及银行卡内的存款情况。……用自己人的头像补一张虚假的临时身份证，办理虚假的临时身份证的目的是用于到手机服务商营业厅将我们要盗刷的那个受害者的手机挂失并补新的SIM卡，我们补新SIM卡的目的是掌握受害者预留给银行的手机，以便于接收转账等操作时银行发送的验证码，只有输入验证码手机银行内的钱才能被转账成功。而且将受害者的银行卡盗刷后，他手上持有的SIM卡接收不到任何信息，我们转他银行账户内的钱不至于被他发现。……2016年3月2日，我师傅告诉我说这次由他负责办理受害人假的临时身份证，并补办受害者关联银行卡的新手机SIM卡。他给了我三个银行账号和密码（经辨认银行交易明细，……一张是招行卡号为××××，户名：徐欣）。

2016年6月，福建省福清市公安局出具《呈请案件侦查终结报告书》，载明：……2016年3月2日，此次作案由谢某1负责转账取款，上家负责提供信息、补卡，此次谢某1盗刷了周某、徐欣、汪某等人银行卡内存款共计400700元……

2016年6月22日，福建省福清市人民检察院向徐欣发送《被害人诉讼权利义务告知书》，载明：犯罪嫌疑人谢某1、谢某2等3人盗窃案一案，已由福清市公安局移送审查起诉……

徐欣向人民法院起诉请求招行延西支行赔偿银行卡盗刷损失及利息。

裁判结果

上海市长宁区人民法院于2017年4月25日作出（2017）沪0105民初1787号民事判决：一、招商银行股份有限公司上海延西支行给付徐欣存款损失146200元；二、招商银行股份有限公司上海延西支行给付原告徐欣自2016年3月3日起至判决生效之日止，以146200元为基数，按照中国人民银行同期存款利率计算的利息损失。招商银行股份有限公司上海延西支行不服一审判决，向上海市第一中级人民法院提起上诉。上海市第一中级人民法院2017年10月31日作出（2017）沪01民终9300号民事判决：驳回上诉，维持原判。

裁判理由

法院生效裁判认为：被上诉人在上诉人处办理了借记卡并将资金存入上诉人处，上诉人与被上诉人之间建立储蓄存款合同关系。《中华人民共和国商业银行法》第六条规定："商业银行应当保障存款人的合法权益不受任何单位和个人的侵犯。"在储蓄存款合同关系中，上诉人作为商业银行对作为存款人的被上诉人，具有保障账户资金安全的法定义务以及向被上诉人本人或者其授权的人履行的合同义务。为此，上诉人作为借记卡的发卡行及相关技术、设备和操作平台的提供者，应当对交易机具、交易场所加强安全管理，对各项软硬件设施及时更新升级，以最大限度地防范资金交易安全漏洞。尤其是，随着电子银行业务的发展，商业银行作为电子交易系统的开发、设计、维护者，也是从电子交易便利中获得经济利益的一方，应当也更有能力采取更为严格的技术保障措施，以增强防范银行卡违法犯罪行为的能力。本案根据查明的事实，被上诉人涉案账户的资金损失，系因案外人谢某1非法获取被上诉人的身份信息、手机号码、取款密码等账户信息后，通过补办手机SIM卡截获上诉人发送的动态验证码，进而进行转账所致。在存在网络盗刷的情况下，上诉人仍以身份识别信息和交易验证信息通过为由主张案涉交易是持卡人本人或其授权交易，不能成立。而且，根据本案现有证据无法查明案外人谢某1如何获得交易密码等账户信息，上诉人亦未提供相应的证据证明账户信息泄露系因被上诉人没有妥善保管使用银行卡所导致，因此，就被上诉人自身具有过错，应当由上诉人承担举证不能的法律后果。上诉人另主张，手机运营商在涉案事件中存在过错。然，本案被上诉人提起诉讼的请求权基础为储蓄存款合同关系，手机运营商并非合同以及本案的当事人，手机运营商是否存在过错以及上诉人对被上诉人承担赔偿责任后，是否有权向手机运营商追偿，并非本案审理范围。综上，上诉人在储蓄存款合同履行过程中，对上诉人账户资金未尽到安全保障义务，又无证据证明被上诉人存在违约行为可以减轻责任，上诉人对被上诉人的账户资金损失应当承担全部赔偿责任。上诉人的上诉请求，理由不成立，不予支持。

（生效裁判审判人员：崔婕、周欣、桂佳）

指导案例170号

饶国礼诉某物资供应站等房屋租赁合同纠纷案

（最高人民法院审判委员会讨论通过　2021年11月9日发布）

关键词　民事/房屋租赁合同/合同效力/行政规章/公序良俗/危房

裁判要点

违反行政规章一般不影响合同效力，但违反行政规章签订租赁合同，约定将经鉴定机构鉴定存在严重结构隐患，或将造成重大安全事故的应当尽快拆除的危房出租用于经营酒店，危及不特定公众人身及财产安全，属于损害社会公共利益、违背公序良俗的行为，应当依法认定租赁合同无效，按照合同双方的过错大小确定各自应当承担的法律责任。

相关法条

《中华人民共和国民法总则》第153条、《中华人民共和国合同法》第52条、第58条（注：现行有效的法律为《中华人民共和国民法典》第153条、第157条）

基本案情

南昌市青山湖区晶品假日酒店（以下简称晶品酒店）组织形式为个人经营，经营者系饶国礼，经营范围及方式为宾馆服务。2011年7月27日，晶品酒店通过公开招标的方式中标获得租赁某物资供应站所有的南昌市青山南路1号办公大楼的权利，并向物资供应站出具《承诺书》，承诺中标以后严格按照加固设计单位和江西省建设工程安全质量监督管理局等权威部门出具的加固改造方案，对青山南路1号办公大楼进行科学、安全的加固，并在取得具有法律效力的书面文件后，再使用该大楼。同年8月29日，晶品酒店与物资供应站签订《租赁合同》，约定：物资供应站将南昌市青山南路1号（包含房产证记载的南昌市东湖区青山南路1号和东湖区青山南路3号）办公楼4120平方米建筑出租给晶品酒店，用于经营商务宾馆。租赁期限为十五年，自2011年9月1日起至2026年8月31日止。除约定租金和其他费用标准、支付方式、违约赔偿责任外，还在第五条特别约定：1. 租赁物经有关部门鉴定为危楼，需加固后方能使用。晶品酒店对租赁物的前述问题及瑕疵已充分了解。晶品酒店承诺对租赁物进行加固，确保租赁物达到商业房产使用标准，晶品酒店承担全部费用。2. 加固工程方案的报批、建设、验收（验收部门为江西省建设工程安全质量监督管理局或同等资质的部门）均由晶品酒店负责，物资供应站根据需要提供协助。3. 晶品酒店如未经加固合格即擅自使用租赁物，应承担全部责任。合同签订后，物资供应站依照约定交付了租赁房屋。晶品酒店向物资供应站给付 20 万元履约保证金，1000 万元投标保证金。中标后物资供应站退还了 800 万元投标保证金。

2011 年 10 月 26 日，晶品酒店与上海永祥加固技术工程有限公司签订加固改造工程《协议书》，晶品酒店将租赁的房屋以包工包料一次包干（图纸内的全部土建部分）的方式发包给上海永祥加固技术工程有限公司加固改造，改造范围为主要承重柱、墙、梁板结构加固新增墙体全部内粉刷，图纸内的全部内容，图纸、电梯、热泵。开工时间 2011 年 10 月 26 日，竣工时间 2012 年 1 月 26 日。2012 年 1 月 3 日，在加固施工过程中，案涉建筑物大部分垮塌。

江西省建设业安全生产监督管理站于 2007 年 6 月 18 日出具《房屋安全鉴定意见》，鉴定结果和建议是：1. 该大楼主要结构受力构件设计与施工均不能满足现行国家设计和施工规范的要求，其强度不能满足上部结构承载力的要求，存在较严重的结构隐患。2. 该大楼未进行抗震设计，没有抗震构造措施，不符合《建筑抗震设计规范》（GB 50011—2001）的要求。遇有地震或其他意外情况发生，将造成重大安全事故。3. 根据《危险房屋鉴定标准》（GB 50292—1999），该大楼按房屋危险性等级划分，属 D 级危房，应予以拆除。4. 建议：（1）应立即对大楼进行减载，减少结构上的荷载。（2）对有问题的结构构件进行加固处理。（3）目前，应对大楼加强观察，并应采取措施，确保大楼安全过渡至拆除。如发现有异常现象，应立即撤出大楼的全部人员，并向有关部门报告。（4）建议尽快拆除全部结构。

饶国礼向一审法院提出诉请：一、解除其与物资供应站于2011年8月29日签订的《租赁合同》；二、物资供应站返还其保证金220万元；三、物资供应站赔偿其各项经济损失共计281万元；四、本案诉讼费用由物资供应站承担。

物资供应站向一审法院提出反诉诉请：一、判令饶国礼承担侵权责任，赔偿其2463.5万元；二、判令饶国礼承担全部诉讼费用。

再审中，饶国礼将其上述第一项诉讼请求变更为：确认案涉《租赁合同》无效。物资供应站亦将其诉讼请求变更为：饶国礼赔偿物资供应站损失418.7万元。

裁判结果

江西省南昌市中级人民法院于2017年9月1日作出（2013）洪民一初字第2号民事判决：一、解除饶国礼经营的晶品酒店与物资供应站2011年8月29日签订的《租赁合同》；二、物资供应站应返还饶国礼投标保证金200万元；三、饶国礼赔偿物资供应站804.3万元，抵扣本判决第二项物资供应站返还饶国礼的200万元保证金后，饶国礼还应于本判决生效后十五日内给付物资供应站604.3万元；四、驳回饶国礼其他诉讼请求；五、驳回物资供应站其他诉讼请求。一审判决后，饶国礼提出上诉。江西省高级人民法院于2018年4月24日作出（2018）赣民终173号民事判决：一、维持江西省南昌市中级人民法院（2013）洪民一初字第2号民事判决第一项、第二项；二、撤销江西省南昌市中级人民法院（2013）洪民一初字第2号民事判决第三项、第四项、第五项；三、物资供应站返还饶国礼履约保证金20万元；四、饶国礼赔偿物资供应站经济损失182.4万元；五、本判决第一项、第三项、第四项确定的金额相互抵扣后，物资供应站应返还饶国礼375.7万元，该款项限物资供应站于本判决生效后10日内支付；六、驳回饶国礼的其他诉讼请求；七、驳回物资供应站的其他诉讼请求。饶国礼、物资供应站均不服二审判决，向最高人民法院申请再审。最高人民法院于2018年9月27日作出（2018）最高法民申4268号民事裁定，裁定提审本案。2019年12月19日，最高人民法院作出（2019）最高法民再97号民事判决：一、撤销江西省高级人民法院（2018）赣民终173号民事判决、江西省南昌市中级人民法院（2013）洪民一初字第2号民事判决；二、确认饶国礼经营的晶品酒店与物资供应站签订的《租赁合同》无效；三、物资供应站自本判决发生法律效力之日起10日内向饶国礼返还保证金220万元；四、驳回饶国礼的其他诉讼请求；五、驳回物资供应站的诉讼请求。

裁判理由

最高人民法院认为：根据江西省建设业安全生产监督管理站于2007年6月18日出具的《房屋安全鉴定意见》，案涉《租赁合同》签订前，该合同项下的房屋存在以下安全隐患：一是主要结构受力构件设计与施工均不能满足现行国家设计和施工规范的要求，其强度不能满足上部结构承载力的要求，存在较严重的结构隐患；二是该房屋未进行抗震设计，没有抗震构造措施，不符合《建筑抗震设计规范》国家标准，遇有地震或其他意外情况发生，将造成重大安全事故。《房屋安全鉴定意见》同时就此前当地发生的地震对案涉房屋的结构造成了一定破坏、应引起业主及其上级部门足够重视等提出了警示。在上述认定基础上，江西省建设业安全生产监督管理站对案涉房屋的鉴定结果和建议是，案涉租赁房屋属于应尽快拆除全部结构的D级危房。据此，经有权鉴定机构鉴定，案涉房屋已被确定属于存在严重结构隐患、或将造成重大安全事故的应当尽快拆除的D级危房。根据中华人民共和国住房和城乡建设部《危险房屋鉴定标准》（2016年12月1日实施）第6.1条规定，房屋危险性鉴定属D级危房的，系指承重结构已不能满足安全使用要求，房屋整体处于危险状态，构成整幢危房。尽管《危险房屋鉴定标准》第7.0.5条规定，对评定为局部危房或整幢危房的房屋可按下列方式进行处理：1. 观察使用；2. 处理使用；3. 停止使用；4. 整体拆除；5. 按相关规定处理。但本案中，有权鉴定机构已经明确案涉房屋应予拆除，并建议尽快拆除该危房的全部结构。因此，案涉危房并不具有可在加固后继续使用的情形。《商品房屋租赁管理办法》第六条规定，不符合安全、防灾等工程建设强制性标准的房屋不得出租。《商品房屋租赁管理办法》虽在效力等级上属部门规章，但是，该办法第六条规定体现的是对社会公共安全的保护以及对公序良俗的维护。结合本案事实，在案涉房屋已被确定属于存在严重结构隐患、或将造成重大安全事故、应当尽快拆除的D级危房的情形下，双方当事人仍签订《租赁合同》，约定将该房屋出租用于经营可能危及不特定公众人身及财产安全的商务酒店，明显损害了社会公共利益、违背了公序良俗。从维护公共安全及确立正确的社会价值导向的角度出发，对本案情形下合同效力的认定应从严把握，司法不应支持、鼓励这种为追求经济利益而忽视公共安全的有违社会公共利益和公序良俗的行为。故依照《中华人民共和国民法总则》第一百五十三条第二款关于违背公序良俗的民事法律行为无效的规定，以及《中华人民共和国合同法》第五十二条第四项关于损害社会公共利益的合同无效的规定，确认《租赁合同》无效。关于案涉房屋倒塌后物资供应站支付给他人的补偿费用问题，因物资供应站应对《租赁合同》的无效承担主要责任，根据《中华人民共和国合同法》第五十八条“合同无效后，双方都有过错的，应当各自承担相应的责任”的规定，上述费用应由物资供应站自行承担。因饶国礼对于《租赁合同》无效亦有过错，故对饶国礼的损失依照《中华人民共和国合同法》第五十八条的规定，亦应由其自行承担。饶国礼向物资供应站支付的220万元保证金，因《租赁合同》系无效合同，物资供应站基于该合同取得的该款项依法应当退还给饶国礼。

（生效裁判审判人员：张爱珍、何君、张颖）

指导案例 171 号

中天建设集团有限公司诉河南恒和置业有限公司建设工程施工合同纠纷案

（最高人民法院审判委员会讨论通过　2021 年 11 月 9 日发布）

关键词　民事/建设工程施工合同/优先受偿权/除斥期间

裁判要点

执行法院依其他债权人的申请，对发包人的建设工程强制执行，承包人向执行法院主张其享有建设工程价款优先受偿权且未超过除斥期间的，视为承包人依法行使了建设工程价款优先受偿权。发包人以承包人起诉时行使建设工程价款优先受偿权超过除斥期间为由进行抗辩的，人民法院不予支持。

相关法条

《中华人民共和国合同法》第 286 条（注：现行有效的法律为《中华人民共和国民法典》第 807 条）

基本案情

2012 年 9 月 17 日，河南恒和置业有限公司与中天建设集团有限公司签订一份《恒和国际商务会展中心工程建设工程施工合同》约定，由中天建设集团有限公司对案涉工程进行施工。2013 年 6 月 25 日，河南恒和置业有限公司向中天建设集团有限公司发出《中标通知书》，通知中天建设集团有限公司中标位于洛阳市洛龙区开元大道的恒和国际商务会展中心工程。2013 年 6 月 26 日，河南恒和置业有限公司和中天建设集团有限公司签订《建设工程施工合同》，合同中双方对工期、工程价款、违约责任等有关工程事项进行了约定。合同签订后，中天建设集团有限公司进场施工。施工期间，因河南恒和置业有限公司拖欠工程款，2013 年 11 月 12 日、11 月 26 日、2014 年 12 月 23 日中天建设集团有限公司多次向河南恒和置业有限公司送达联系函，请求河南恒和置业有限公司立即支付拖欠的工程款，按合同约定支付违约金并承担相应损失。2014 年 4 月、5 月，河南恒和置业有限公司与德汇工程管理（北京）有限公司签订《建设工程造价咨询合同》，委托德汇工程管理（北京）有限公司对案涉工程进行结算审核。2014 年 11 月 3 日，德汇工程管理（北京）有限公司出具《恒和国际商务会展中心结算审核报告》。河南恒和置业有限公司、中天建设集团有限公司和德汇工程管理（北京）有限公司分别在审核报告中的审核汇总表上加盖公章并签字确认。2014 年 11 月 24 日，中天建设集团有限公司收到通知，河南省焦作市中级人民法院依据河南恒和置业有限公司其他债权人的申请将对案涉工程进行拍卖。2014 年 12 月 1 日，中天建设集团有限公司第九建设公司向河南省焦作市中级人民法院提交《关于恒和国际商务会展中心在建工程拍卖联系函》中载明，中天建设集团有限公司系恒和国际商务会展中心在建工程承包方，自项目开工，中天建设集团有限公司已完成产值 2. 87 亿元工程，中天建设集团有限公司请求依法确认优先受偿权并参与整个拍卖过程。中天建设集团有限公司和河南恒和置业有限公司均认可案涉工程于 2015 年 2 月 5 日停工。

2018 年 1 月 31 日，河南省高级人民法院立案受理中天建设集团有限公司对河南恒和置业有限公司的起诉。中天建设集团有限公司请求解除双方签订的《建设工程施工合同》并请求确认河南恒和置业有限公司欠付中天建设集团有限公司工程价款及优先受偿权。

裁判结果

河南省高级人民法院于 2018 年 10 月 30 日作出（2018）豫民初 3

号民事判决：一、河南恒和置业有限公司与中天建设集团有限公司于2012年9月17日、2013年6月26日签订的两份《建设工程施工合同》无效；二、确认河南恒和置业有限公司欠付中天建设集团有限公司工程款288428047.89元及相应利息（以288428047.89元为基数，自2015年3月1日起至2018年4月10日止，按照中国人民银行公布的同期贷款利率计付）；三、中天建设集团有限公司在工程价款288428047.89元范围内，对其施工的恒和国际商务会展中心工程折价或者拍卖的价款享有行使优先受偿权的权利；四、驳回中天建设集团有限公司的其他诉讼请求。宣判后，河南恒和置业有限公司提起上诉，最高人民法院于2019年6月21日作出（2019）最高法民终255号民事判决：驳回上诉，维持原判。

裁判理由

最高人民法院认为：《最高人民法院关于审理建设工程施工合同纠纷案件适用法律问题的解释（二）》第二十二条规定："承包人行使建设工程价款优先受偿权的期限为六个月，自发包人应当给付建设工程价款之日起算。"根据《最高人民法院关于建设工程价款优先受偿权问题的批复》第一条规定，建设工程价款优先受偿权的效力优先于设立在建设工程上的抵押权和发包人其他债权人所享有的普通债权。人民法院依据发包人的其他债权人或抵押权人申请对建设工程采取强制执行行为，会对承包人的建设工程价款优先受偿权产生影响。此时，如承包人向执行法院主张其对建设工程享有建设工程价款优先受偿权的，属于行使建设工程价款优先受偿权的合法方式。河南恒和置业有限公司和中天建设集团有限公司共同委托的造价机构德汇工程管理（北京）有限公司于2014年11月3日对案涉工程价款出具《审核报告》。2014年11月24日，中天建设集团有限公司收到通知，河南省焦作市中级人民法院依据河南恒和置业有限公司其他债权人的申请将对案涉工程进行拍卖。

2014年12月1日，中天建设集团有限公司第九建设公司向河南省焦作市中级人民法院提交《关于恒和国际商务会展中心在建工程拍卖联系函》，请求依法确认对案涉建设工程的优先受偿权。2015年2月5日，中天建设集团有限公司对案涉工程停止施工。2015年8月4日，中天建设集团有限公司向河南恒和置业有限公司发送《关于主张恒和国际商务会展中心工程价款优先受偿权的工作联系单》，要求对案涉工程价款享有优先受偿权。2016年5月5日，中天建设集团有限公司第九建设公司又向河南省洛阳市中级人民法院提交《优先受偿权参与分配申请书》，依法确认并保障其对案涉建设工程价款享有的优先受偿权。因此，河南恒和置业有限公司关于中天建设集团有限公司未在6个月除斥期间内以诉讼方式主张优先受偿权，其优先受偿权主张不应得到支持的上诉理由不能成立。

（生效裁判审判人员：包剑平、杜军、谢勇）

新类型疑难案例选评

温州市金中梁置业有限公司诉温州万科中梁置业有限公司、温州万筑房地产开发有限公司公司盈余分配纠纷案

叶 恒*

【裁判要旨】

公司已形成确认可分配利润金额的有效决议但长期无正当理由拒绝分红的，法院可以判决支持小股东要求公司强制分红的请求。在上述确认的可分配利润以外，小股东又以公司大股东滥用股东权利导致公司应分配利润减少为由，要求公司直接向其分配其主张的公司隐藏利润的，法院不应予支持。小股东可以另案提起股东损害公司利益责任诉讼，要求大股东赔偿公司的损失，再依据公司法的相关规定行使利润分配请求权。

【案例索引】

一审：温州市中级人民法院（2020）浙03民初385号；

* 作者单位：浙江省温州市中级人民法院。

二审：浙江省高级人民法院（2021）浙民终527号。

【基本案情】

原告：温州市金中梁置业有限公司。

被告：温州万科中梁置业有限公司、温州万筑房地产开发有限公司。

温州万科中梁置业有限公司（以下简称万科中梁公司）于2013年1月15日成立，注册资本5亿元，温州万筑房地产开发有限公司（以下简称万筑公司）持股60%，温州市金中梁置业有限公司（以下简称金中梁公司）持股40%，均已出资到位。万科中梁公司名下仅金域中央一个项目，于2013年8月4日、2013年9月17日分两期开盘销售，均已售罄。2015年12月，涉案项目集中交付。2016年4月21日，万科中梁公司召开股东会，经全体股东表决通过，形成股东会决议，确认截至2015年末万科中梁公司累计可分配利润38692万元，拟核定分配2015年利润3万万元。2018年7月10日，万科中梁公司再次召开股东会，经全体股东表决通过，形成股东会决议，确认截至2018年7月10日万科中梁公司累计可分配利润47393万元，拟核定分配2018年利润5420万元，其中万筑公司3252万元，金中梁公司2168万元。如万科中梁公司后续资金出现缺口，万筑公司、金中梁公司同意按持股比例提供资金给项目公司。万筑公司与金中梁公司盖章确认。万科中梁公司已按照上述股东会决议的内容进行了利润分配。万科中梁公司分别于2020年1月7日、2020年5月28日两次召开临时股东会，分别讨论金中梁公司要求对项目公司进行审计事宜与项目清算事项、资金预分配沟通决策与项目清算争议点推进，但因万筑公司、金中梁公司对于项目成本费用核算存在重大分歧，双方无法形成一致的股东会决议。

另查明：万科中梁公司2020年3月会计科目余额表显示预留所得税29820738.22元。2020年5月，万科中梁公司补缴2016年税期的税款13077144元。

金中梁公司向温州市中级人民法院起诉请求：（1）判令万科中梁公司将拖延支付金中梁公司的可分配利润和不合理预留的所得税54589437.69元向金中梁公司支付；（2）判令万科中梁公司向金中梁公司支付因万筑公司滥用股东权利导致万科中梁公司利润减少部分中金中梁公司应当获得的利润45858070.84元；（3）判令万筑公司对上述第二项诉讼请求承担连带责任。

【审理】

温州市中级人民法院审理认为：（1）关于金中梁公司要求对2018年7月10日股东会决议确定的剩余可分配利润以及预留所得税全部作为利润进行分配是否应予支持的问题。万科中梁公司于2018年7月10日形成股东会决议确认累计可分配利润为47393万元，已分配35420万元，剩余的11973万元经万筑公司、金中梁公司确认属于可分配利润，对此双方均无异议。万科中梁公司于2018年7月10日进行利润分配后，公司仍有高达11973万元的利润未分配，截至本案审理时两年多时间未形成具体分配方案。在预留所得税16743594.22元后公司仍有11973万元可分配利润的情况下，万科中梁公司拒不对已确认的剩余可分配利润进行分配，损害了作为小股东的金中梁公司的利益，金中梁公司要求万科中梁公司根据股东会决议对剩余可分配利润11973万元按其持股比例部分的4789.2万元向其支付利润符合法律规定，予以支持。（2）关于金中梁公司第二项诉讼请求是否属于公司盈余分配请求，是否应在本案中一并审理的问题。金中梁公司主张万筑公司存在将其他项目的开发成本、融资成本计在万科中梁公司，导致公司应分配利润减少114645177.09元，据此提出第二项诉讼请求。但其该项诉请实质上是基于万筑公司作为万科中梁公司大股东滥用股东权利损害公司利益导致公司利润减少，而非因万科中梁公司不分配利润侵害利润分配权，其可以通过另案诉讼要求万筑公司向万科中梁公司赔偿相应损失。金中梁公司在本案公司盈余分配纠纷中直接要求将其认为的万筑公司滥用权利导致公司增加的成本部分作为公司利润进行分配依据不足，法院不予支持。综上，判决万科中梁公司支付金中梁公司利润款4789.2万元。

金中梁公司与万科中梁公司均不服一审判决，提起上诉，浙江省高级人民法院二审审理后判决驳回上诉，维持原判。

［评析］

股东请求公司强制分红案件的司法审查

公司是否对公司利润进行分配以及如何分配属于公司自治范畴，司法一般不轻易介入。但由于公司大股东滥用股东权利不分配利润损害了中小股东的合法权益的情况屡有发生，《最高人民法院关于适用〈中华人民共和国公司法〉若干问题的规定（四）》［以下简称《公司法司法解释（四）》］第十四条、第十五条专门探索完善对股东利润分配权的司法救济。本案即涉及对《公司法司法解释（四）》第十五条的适用，反映法院对公司利润分配问题在司法介入与公司自治之间标准与尺度的把握。

一、金中梁公司要求万科中梁公司按照公司决议确认的可分配利润分红应予支持

《公司法司法解释（四）》第十五条规定："股东未提交载明具体分配方案的股东会或者股东大会决议，请求公司分配利润的，人民法院应当驳回其诉讼请求，但违反法律规定滥用股东权利导致公司不分配利润，给其他股东造成损失的除外。"未提交载明具体分配方案的股东会或者股东大会决议包括三种情形：第一种是股东既可能没有提交任何股

东会或者股东大会决议，第二种是提交了仅决议分配利润但未制作具体分配方案的股东会或者股东大会决议，第三种是提交了股东会或者股东大会关于不分配利润的决议。原则上，上述三种情形法院都应当驳回股东要求分红的诉讼请求。但特定情形[①]下，对股东分红的诉讼请求可予以支持：(1) 给在公司任职的股东或者其指派的人员发放与公司规模、营业业绩、同行业薪酬水平明显不符的过高薪酬，变相给该股东分配利润；(2) 购买与经营不相关的服务或者财产供股东消费或者使用，变相分配利润；(3) 为了不分配利润隐瞒或者转移公司利润；(4) 滥用股东权利不分配利润的其他行为。本案符合上述第四种情形，理由如下：

首先，万科中梁公司自成立后仅开发金域中央一个房地产项目。该项目已于2015年12月实现房屋集中交付。万科中梁公司确认房屋交付后，除承担后续保修义务外，无其他营业行为。2018年7月10日的股东会公司两股东均到场，并确认截至2018年7月10日公司累计可分配利润为47393万元。虽然当时仅核定分配2018年利润5420万元，但是对于剩余的11973万元经双方确认属于可分配利润的事实双方均无异议。其次，上述股东会决议确认的累计可分配利润47393万元已预留所得税29820738.22元。2020年5月，万科中梁公司补缴2016年税期的税款13077144元后，仍预留所得税16743594.22元。涉案项目交付多年，即便后续可能仍存在维修成本、税款等方面的支出，在无证据证明除预留款之外，仍有可能存在巨额开支的情况下，万筑公司、万科中梁公司以公司还存在维修成本和税款等支出可能性、剩余利润无法确定为由，对已经股东会决议确认的剩余的11973万元可分配利润不予分配，理由不能成立。最后，对于剩余的11973万元可分配利润，虽然就分配

① 参见杜万华主编：《最高人民法院公司法司法解释（四）理解与适用》，人民法院出版社2017年版，第328～330页。

方案未形成股东会决议，但是自2020年开始，金中梁公司与万筑公司就利润分配及项目清算事宜召开股东会进行沟通，并且金中梁公司在2020年5月的股东会上提出对剩余可分配利润进行分配，只是因为双方对分配利润的数额意见不一致而未能形成利润分配的股东会决议。由于万筑公司、万科中梁公司不同意对剩余利润进行分配的理由不能成立，不能形成剩余利润分配方案的股东会决议应归咎于控股股东万筑公司。万科中梁公司在无正当理由的情况下，对剩余可分配利润未及时予以分配，损害了作为小股东的金中梁公司的利益。

因此，本案符合《公司法司法解释（四）》第十五条但书部分的除外情形，原告请求公司分配利润的诉讼请求应予支持。对于金中梁公司利润分配请求权的实现方式，法院既可以判决分配利润，也可以判决公司作出分配利润的决议等。具体判决方式和尺度由法院根据原告的诉讼请求酌情确定。考虑到万科中梁公司的可分配利润金额是确定无异议的，且万科中梁公司已经不存在其他营业行为，没有预留巨额利润的必要性，故法院直接判决万科中梁公司按照公司股东会决议确认的利润金额向金中梁公司分配红利。

二、金中梁公司在股东会决议确认的可分配利润以外要求分红不应予支持

金中梁公司认为万筑公司利用控股股东身份，滥用权利将其他项目的开发成本、融资成本由万科中梁公司承担，导致万科中梁公司应分配利润减少共计114645177.09元，故要求万科中梁公司向其支付因万筑公司滥用股东权利导致公司利润减少部分按其持股比例应得的利润45858070.84元。其主张的法律依据仍是《公司法司法解释（四）》第十五条。根据《公司法司法解释（四）》第十四条、第十五条的规定，股东请求公司分配利润，必须满足一定的条件：股东会或股东大会就公司利润分配作出了载明具体分配方案的有效决议，但因违反法律规定滥

用股东权利导致公司有利润不分配，给其他股东造成损失的除外。金中梁公司该项诉请所涉金额并未包含在47393万元的公司可分配利润之内，且从金中梁公司第二项诉请的事实与理由来看，所谓的万科中梁公司减少的可分配利润114645177.09元仅是金中梁公司的单方主张，既缺乏股东会的有效决议，万筑公司也不认可，更缺乏确凿的证据证实。万筑公司是否存在金中梁公司所主张的损害公司利益的行为，以及即便存在相应的行为，与公司利润之间的关系以及利润的金额等均属于不确定的事实。在此情况下，金中梁公司行使利润分配请求权，缺乏依据。但《公司法司法解释（四）》第十五条规定的“违反法律规定滥用股东权利导致公司不分配利润，给其他股东造成损失的除外”是针对股东的行为直接导致公司不分配利润造成其他股东损失的情形，本案中双方对于公司利润已经通过股东会决议形成一致决议，万筑公司是否存在金中梁公司所称的行为只可能对金中梁公司分配利润金额产生影响，不会导致公司不分配利润，因此金中梁公司将上述条款作为其第二项诉讼请求的法律依据与事实不符。

根据我国公司法的立法本意，法院对公司经营事务应当采取谨慎干预的原则，注重公司自治与司法干预的平衡，只有在例外情况下才可以对公司内部经营事务实施干预。本案中，金中梁公司要求按照股东会决议确定的可分配利润金额进行分配，严格来讲属于抽象利润分配请求权，原则上应当尊重公司意思自治，在公司没有形成具体的分配方案前不应直接判决公司向金中梁公司分红。但是考虑到公司实际情况，为了保障作为小股东的金中梁公司的合法权益，法院直接判决强制分红。但这属于例外，而不能成为常态。在金中梁公司也认可股东会决议效力的前提下，万科中梁公司确认的可分配利润总额为47393万元应无异议。在没有充分证据的前提下，金中梁公司直接在公司盈余分配纠纷中要求对其主张的被万科中梁公司少算的利润进行分配明显缺乏依据。

三、金中梁公司可以另案起诉要求万筑公司赔偿万科中梁公司损失

金中梁公司如认为除股东会决议确认的可分配利润以外，大股东万筑公司将其他项目的支出列入万科中梁公司，导致万科中梁公司实际利润减少，其应当另案提起股东损害公司利益责任诉讼，在该案诉讼中申请财务审计。如果经过审计发现确实存在大股东变相侵吞公司财产的行为，那么万筑公司应当向万科中梁公司赔偿相应损失，在确定除前述47393万元可分配利润之外，万科中梁公司尚有其他利润可分配的前提下，再依据公司法的相关规定行使利润分配请求权。该诉讼的原告应为万科中梁公司，如果万科中梁公司不同意起诉，金中梁公司可以提起股东代表诉讼。

《最新法律文件解读》丛书

稿　约

《最新法律文件解读》是一套以为最新法律规范提供同步“解读”为主的系列丛书,分为刑事、民事、商事、行政与执行4个分册,按月出版。

本丛书以“解读”为重点,突出全、专、新、快、准等特点,通过对最新出台的法律、法规、司法解释、部门规章以及重要地方性法规进行同步动态解读,弥补了法律、法规、司法解释汇编类出版物没有同步阐释、解读内容的不足,为广大读者学习理解最新法律规范,正确贯彻执行法律文件,及时解决实践中的新情况、新问题,提供一个全方位、多层面的法律信息平台。

欢迎您向以下栏目赐稿:

【最新法律文件解读】主要是对最新颁行的法律文件进行解读,帮助司法和执法人员正确理解法律文件的立法背景、意义、重点内容、在适用中应注意的问题、与相关法律文件的衔接与互动关系等。

【司法实务问题研究】主要刊登对司法理论、实务及司法管理工作中的热点、疑难问题进行研究及评论的文章。

【新类型疑难案例选评】主要是对司法和行政执法实践中具有典型性和代表性的疑难案例,结合具体案情以及审理或处理结果进行简练精辟的点评,解析认识问题的方法、处理问题的法律依据和在个案中的具体适用。

【法学前沿与新视点】以摘要的形式刊登相关法学理论研究的最新动态及具有代表性和典型性的前沿问题,扩展法学研究的深度和广度。

【法律适用问题解答】主要针对司法和行政执法实践中面临的新问题、热点问题、疑难问题进行简要的解答,指出涉及的法律关系,明确法律适用依据。

稿件一经刊用即付稿酬,稿酬从优。

《刑事法律文件解读》　杨晓燕　邮箱:5184621@qq.com

《民事法律文件解读》　丁丽娜　邮箱:dlnlaw@163.com

《商事法律文件解读》　路建华　邮箱:shangshijiedu@126.com

《行政与执行法律文件解读》　张　奎　邮箱:271717306@qq.com

人民法院出版社

《最新法律文件解读》丛书编辑部